少年成长必读

畅游信息时代

丛书顾问　王梓坤
丛书主编　何本方　杨洪波
本册主编　于　宁

SHAONIAN CHENGZHANG BIDU
CHANGYOU XINXI
SHIDAI

四川出版集团
四川辞书出版社

图书在版编目（CIP）数据

少年成长必读·畅游信息时代/于宁主编. —成都：
四川出版集团·四川辞书出版社，2012.1（2015.5重印）
ISBN 978—7—80682—668—3

Ⅰ.①少…　Ⅱ.①于…　Ⅲ.①信息技术—少年读物
Ⅳ.①G624

中国版本图书馆CIP数据核字（2011）第202185号

少年成长必读·畅游信息时代

SHAONIAN CHENGZHANG BIDU · CHANGYOU XINXI SHIDAI

于 宁 主编

策　　划	雷　华
责任编辑	田学宾
封面设计	墨创文化
版式设计	王　跃
责任印制	肖　鹏
出版发行	四川出版集团·四川辞书出版社
地　　址	成都市三洞桥路12号
邮政编码	610031
印　　刷	北京兴湘印务有限公司
开　　本	787 mm×1092 mm　1/16
版　　次	2012年1月第1版
印　　次	2015年5月第2次印刷
印　　张	9
书　　号	ISBN 978—7—80682—668—3
定　　价	15.00元

《少年成长必读》
总编辑委员会名单

前　言

　　大自然中有哪些神奇的动物、植物？太阳为什么从东方升起，在西方落下？人类历史上有哪些大英雄、大事件？人类的未来会怎样？科学家有哪些奇妙的发明、发现？他们又是怎么做出这些发明、发现的？……总之，少年朋友们对这个世界有太多的疑问，他们渴望了解自身、了解自然、了解社会。本丛书就为少年朋友们打开了一扇了解世界的窗口，通过它，少年朋友们可以知道很多自己迫切想要了解的知识。

　　少年时期是人一生中好奇心很强的时期，也是学习、接受知识的黄金时期，在这个时期广泛地学习、掌握多方面的知识，可为一生的发展打下良好的基础。为此，我们根据少年朋友们学习和课外知识拓展的需要，组织有关专家编写了这套《少年成长必读》。

　　本丛书分为科学技术、文学、艺术、历史地理、身心保健、信息技术、数学、英语共八个分册，内容丰富全面，堪称一份知识的“大餐”，能满足大多数少年朋友的需要。书中还包括了富有时代气息的信息技术、科学探究、生活礼仪等方面的知识，是新新人类必学的知识技能。本丛书在介绍知识的同时，穿插了许多富有启发性或趣味性的小故事，可使小读者学习知识的过程变得不再那么枯燥。由于丛书以上的特点，我们相信这套书对帮助小读者们拓展知识面，开阔视野，提高文学艺术修养、科学素养，激发好奇心、求知欲，会有很大的帮助。

　　知识是智慧的火炬，愿我们精心编写的这套《少年成长必读》，能引领小读者们健康、快乐地成长。

目 录

六、计算机科学基础

七、有趣的程序设计和经典算法

八、多媒体

九、计算机网络与数据通信

十、网页的制作

十一、计算机的应用

十二、计算机中文信息处理

十三、人工智能

十四、计算机诞生之后带来的社会问题

十五、知名网站介绍

一、信息技术基础知识

什么是信息

1.信息无处不在

随着科学技术的不断发展，"信息"一词已经走进了我们的日常生活。每天我们都要听广播、看电视、看报纸，看一看哪里又发生了战争，世界杯足球比赛谁又赢了，电影院里又在放映什么新影片了，明天的天气怎么样，……这些都是在获取信息。其实，我们每天都生活在信息的海洋里，信息就在我们身边。

2.信息是有用的消息

古代人用烽火台报告敌人进犯的消息，通过驿站快速传递消息。现代举办的马拉松比赛就是为了纪念古代士兵为传递胜利消息而献身的壮举。

现代人更加重视信息，企业通过各种渠道了解市场行情，决定自己产品下一步的发展方向；为了获得战争的胜利，各国都非常重视情报，情报就是非常有用的信息。可见，不管是古代人还是现代人都非常重视信息，它的价值有时是难以估量的。

3.信息是一种宝贵的资源

信息是知识的原材料，人类的知识都是通过信息加工产生的。所以我们说，物质、能源、信息是现代社会的三大资源。

4.信息的表现形式是多样的

信息是无形的，它不能单独存在，必须依赖于某一种媒体，即要用语言、文字、图形、图像、声音等人类可以接受的形式表现出来。

因此，同一条信息可以用不同的媒体形式来表现。比如，一句话的含义既可以用汉语来表达；也可以用英语来表达；一段优美的音乐，既可以用磁带来保存，也可以用光盘来保存。

5.信息是可以传递的

信息无论在时间上还是空间上都具有传递性。信息在空间中的传递称为通信，信息在时间上的传递称为存储。信息源发出信息后，其自身的信息量并没有减少。

算　筹

原始社会的生产力极为简单，工具只有石头和棍棒。那时候，人们对于数的需求也极其有限，只用自身的十个手指头就足够了。遇到比10多的数，就再加上脚指头。

随着农业和畜牧业的不断发展，记数的数值越来越大，手指和脚趾就显得不够用了，需要有更好的计算工具，于是就有了结绳记数和算筹的出现。

算筹是我国古代劳动人民在生产实践中创造出来并广泛使用的一种简单的计算工具。算筹是用木制或竹制的小棍组成的。5以下的数分别用相应的算筹来表示，6，7，8，9这几个数分别用纵和横的算筹组合来表示。

	1	2	3	4	5	6	7	8	9
纵式									
横式									

算筹的示意图

算筹分为纵式、横式两种。

用算筹表示一个数时，筹棍纵横相间排列：个位数用纵式，十位数用横式，百位数用纵式，千位数用横式，以此类推。例如，1 997用算筹来表示就是：

但是，算筹中没有零的符号，所以只好用空位来表示零。比如10 865，用算筹来表示就是：

由于算筹是纵横相间的，所以数字上有没有空位是很容易辨别的。《夏侯阳算经》中对这一点描述得非常形象："一纵十横，百立千僵，千十相望，万百相当，满六以上，五在上方。"

我们的祖先用简单的竹棍纵横排列就可以表示任意的自然数了。

但用算筹进行计算，却显得有些麻烦，后来就逐渐被新的计算工具——算盘替代了。

信息技术的发展历史

1.信息技术的发展史

信息技术是一项交叉技术，它融合了多种技术。它的发展不仅包括5次信息革命，而且

与其核心应用技术的发展紧密相关。

表1-1　五次信息革命一览表

信息革命	发生时间
语言的使用	35 000~50 000 年前
文字的出现	公元前 3500 年左右
印刷技术应用	公元 1040 年
电报（电话、广播、电视）的发明	19 世纪 40 年代
计算机技术的普及及网络技术的应用	20 世纪 60 年代

2.计算机的发展史

计算机技术由于制作器件的发展，也经历了四个阶段。

表1-2　计算机发展史一览表

计算机	时间跨度	使用器件	运算速度
真空电子管计算机	1946—1957 年	电子管	几千次每秒或几万次每秒
晶体管计算机	1958—1964 年	晶体管、磁芯存储器	几十万次每秒
集成电路计算机	1965—1971 年	集成电路	一百万次每秒
大规模集成电路计算机和超大规模集成电路计算机	1972 年至今	大规模集成电路、半导体存储器。VLSI，ULSI，半导体存储器	一千万次每秒至几千万亿次/秒

3.网络的发展史

1969年，美国建成了连接四个大学实验室的世界上第一个采用分组交换技术的计算机网络Arpanet，这是计算机互联网（因特网）的前身。因特网的真正起点是1986年建成的美国国家科学基金网NSFNET。因特网的迅速发展则是在进入商业应用的1991年。从此，因特网的发展就像火山爆发一样迅速，给信息产业乃至

整个社会带来了革命性的影响。因特网将计算机技术和通信技术结合，广泛应用了这两个领域的前沿技术，创造了远远大于这两个领域简单叠加的应用空间。从电子邮件到电视会议，从因特网传真到因特网电话，从网上浏览到网上购物、网上银行等丰富多彩的服务，不仅方便了消费者，为企业提供了以低廉成本参与全球竞争的机会，而且带动了与网络相关的一批新兴服务产业。网络技术还引发了在宽带网络技术方面的竞争，带动了电子商务等一系列新应用的发展，同时促使计算机产业、通信产业、信息内容产业、消费电子产业趋于相互融合。

信息处理及信息处理工具

信息处理主要包括以下三方面的功能：
(1) 信息的收集和输入；
(2) 信息的加工和输出；
(3) 信息的存储和传输。

其中，信息加工是信息处理的核心，它的涉及面非常广，通常包括对数据的分类、整理、归并、计算、压缩、检索等，其中包括对图像、声音的处理。

长期以来，人类一直是用自己的感觉器官从客观世界获取信息的。随着社会的进步和生产力的发展，信息量急剧增加，几乎是按几何级数的速度在增长，以至有人惊呼，世界已经进入了"信息爆炸"时代。在信息化的时代，没有经过分类、整理、加工并有效组织起来的信息，就如同工业垃圾一样，没有使用价值。因此，寻找一种能快速、有效地进行信息处理的理想工具势在必行。

电子计算机便应运而生了，计算机的出现

使人类处理信息的能力出现了一次质的飞跃。人们不仅利用计算机处理数值数据，还可以处理文字、表格、图形、图像乃至声音，计算机的应用领域从数值信息的处理扩展到非数值信息的处理，这一变化给人类社会带来了深远的影响。今天，计算机已经成为一种现代化的信息处理工具，它的能力早已超越了它的名词本身所具有的含义。

信息技术

信息技术是指对信息的获取、传输、处理、存储、显示和应用的技术，它涉及微电子技术、计算机技术、网络技术、通信技术等。这四大技术构成了信息技术的核心。

1.微电子技术

信息技术之所以能够应用到社会、经济、生活的各个方面，并产生巨大的影响，其首要因素是微电子技术的发展。

1948年，巴丁、布拉顿和肖克莱发明了晶体管。1958年，第一块集成电路问世，引发了一场微电子技术革命。微电子技术使得越来越复杂的电子系统可以集成在一小块硅片上，成为集成电路，使电子设备和系统的微型化、低能耗成为可能。集成电路经历了中小规模集成电路、大规模集成电路、超大规模集成电路几个发展阶段。1975年，摩尔提出了著名的摩尔定律，即平均每18个月集成电路芯片上集成的电子器件数翻一番，而价格保持不变甚至下降。20世纪60年代以后，集成电路的发展一直遵循着该定律，带动了以集成电路为基础的信息技术产业以同样的规律飞速发展，创造了信息技术产品性能不断提高，而价格不断下降的奇迹。

2.通信技术

通信技术的功能是传递信息。

1837年，莫尔斯发明了电报；1876年，贝尔发明了电话；1895年，波波夫发明了雷电指示器；1896年，马可尼发明了无线电收发报机，这一系列的发明奠定了通信、广播、电视产业的基础。1965年，第一部程控交换机的诞生，使通信技术开始向数字化发展。半导体激光器（1976年）和石英光纤传输（1981年）的应用大幅度提高了通信的传输能力。卫星通信、移动通信等通信技术的发展，更是开拓了通信手段，进一步扩展了通信技术的应用领域。通信技术与计算机技术的结合成为信息产业发展的主流。

贝尔在测试第一部电话

3.计算机技术

计算机技术指的是将计算机科学的成果应用于工程实践所派生的诸多技术性和经验性成果的总合。计算机技术与计算机科学是两个相关而又不同的概念，它们的不同在于前者偏重于实践而后者偏重于理论。

1937年提出的图灵机的概念和1945年冯·诺伊曼设计的存储程序计算机体系结构，促使1946年第一台电子计算机ENIAC的诞生。当时的电子计算机占地约150平方米，2.5米高，1米宽，30米长，总质量有30多吨，由18 000只电子管、1 500个电子继电器、70 000个电阻

器、18 000个电容器构成，耗电几百千瓦。每秒钟的计算速度是5 000次。随着集成电路和软件技术的发展，计算机的运算速度、存储容量和能力不断提高，计算机已经从单一的计算功能发展成能处理数字、符号、文字、语音、图像以至知识等多种信息，应用领域覆盖了社会各个方面。

电子管

世界上第一台电子计算机

电子计算机的诞生是科学技术发展史上一个重要的里程碑，也是20世纪人类最伟大的发明创造之一。

4.网络技术

1969年，美国建成了连接四个大学实验室的世界上第一个计算机网络，这是计算机互联网（因特网）的前身，因特网的真正起点是1986年建成的美国国家科学基金网，而因特网的迅速发展则是在1991年。从此，因特网的发展就像火山爆发一样迅速，给信息产业乃至整个社会带来了革命性的影响。因特网将计算机技术和通信技术相结合，广泛应用了这两个领域的前沿技术，创造了远远大于这两个领域简单叠加的应用空间。从电子邮件到电视会议、从因特网传真到因特网电话、从网上浏览到网上购物。网络已经遍布了社会的各个领域。

通信技术、网络技术的实现都离不开计算机这个强大的信息处理工具，微电子技术、计算机技术则使计算机的应用更为广泛，计算机的普及为全社会的信息化奠定了坚实的物质基础。

二、对信息技术的发展作出杰出贡献的人物

第一台机械式计算机的发明者——帕斯卡

几千年来，人们一直在梦想着能发明一种机器，可以代替人脑的一部分功能，替人进行计算，把人从繁重的脑力劳动中解放出来。许多科学家都为此付出了艰辛的努力。法国数学家帕斯卡（1623—1662）是这众多科学家中杰出的一位。

帕斯卡的父亲是一位会计，每天都要从事大量繁琐的计算工作。帕斯卡看在眼里，记在心上，从小立志要发明一台机器，能够帮助父亲，以减轻他计算的劳累。1642年，年仅19岁的帕斯卡终于实现了他的理想，发明了世界上第一台机械式计算机，用它可以做8位数以内的加法。帕斯卡给这台机器起名为Pascaline。

这是一台由一组8个互相连接的类似于齿轮的装置组成的机器，每个齿轮代表一位数，每个齿轮上有10个相等的齿，分别表示0~9的数字。从右边开始依次为个位、十位、百位、千位、万位……最大可以计算到百万位数。

这8个齿轮是互相联动的，低位的齿轮每转10圈，高位的齿轮才转1圈，从而实现了逢十进位。加法器上面有一排窗口，通过这个窗口可以看到计算的结果。

当要做加法时，先让每个齿轮都置成零，然后让齿轮按顺时针方向转动；当要做减法时，让齿轮按逆时针方向转动。

帕斯卡说，这台机器所进行的工作，比动物的行为更接近于人类的思维。

为了纪念帕斯卡对计算工具发展所做的杰出贡献，一种计算机高级语言就是以帕斯卡的名字命名的，这就是我们大家今天都非常熟悉的程序设计语言Pascal。

莱布尼兹（1646-1716）

1667年，几乎与牛顿同时发明微积分的德国数学家G.W.莱布尼兹在巴黎参观博物馆时，看到了帕斯卡发明的加法机，引起了他要发明一台乘法机的浓厚兴趣。经过6年时间的努力，莱布尼兹改进了帕斯卡设计的机器，使得它可以作乘法运算。1672年，他提出了不采用连续相加的方法实现机械乘法的设想，并于1673年在巴黎科学院展示了他设计的乘法机。这台机器是由不动的计数器和可动的置位机构两部分组成的。这是世界上第一台不仅能进行加减运

算而且能进行乘除运算的多功能机械式计算机。驱使莱布尼兹花费6年时间研制一台乘法机的动力来自他的一段话："让一些杰出的人才像奴隶般把时间浪费在计算上是不值得的。"

莱布尼兹不仅是一位优秀的数学家，而且还是一位哲学家和政治家。值得一提的是，他还创立了二进制系统和符号逻辑。

二进制系统与中国的八卦有相通之处。八卦中的"━━"（叫做阳爻）相当于二进制中的"1"，八卦中的"━ ━"（叫做阴爻）相当于二进制中"0"。八卦的名称：坤、震、坎、兑、艮、离、巽、乾，正好由0~7这8个自然数的二进制数的形式来表示。如果是六十四卦，则是六位二进制数，它依次以二进制的形式表示了0~63这64个自然数。

十进制	0	1	2	3	4	5	6	7
二进制	000	001	010	011	100	101	110	111
八卦符号	䷁	䷂	䷜	䷹	䷳	䷝	䷸	䷀
八卦名称	坤	震	坎	兑	艮	离	巽	乾
象征意义	地	雷	水	泽	山	火	风	天

为了表达对中国古老文化的崇高敬意，莱布尼兹特地把自己发明的乘法器的复制品赠给了清朝的康熙皇帝。

计算机之父巴贝奇

在计算工具研制的历史上，特别值得一提的是英国剑桥大学的数学教授查尔斯·巴贝奇（1791—1871）。1822年，巴贝奇向英国皇家学会申请经费，资助他研制一台具有存储、资料处理和控制的分析机和资料处理的机器。

1830年，巴贝奇设计了一台具有存储、资料处理和控制的分析机。他提出了顺序控制的

思想，就是把计算时所需要的数据以及分解成四则运算的计算步骤送给机器，然后让机器按顺序一步一步地执行。但是，他的天才设计由于超越了当时客观的机械加工能力，而无法实现。1871年，巴贝奇带着深深的遗憾离开了人世，给人们留下了一大堆复杂的设计图纸。

当时最热心支持巴贝奇教授工作的是艾达·洛弗莱斯小姐。她是英国著名诗人拜伦的女儿，也是一位业余数学家，曾经跟数学家摩根学习过数学。她有很高的数学天赋，她曾经同巴贝奇一起工作过很长时间，并为他没有诞生的分析机编写过许多精彩的程序。可以说，艾达是世界上第一个计算机程序设计员。1980年，美国国防部发表的程序设计语言ADA就是以她的名字命名的。

直到1944年，美国哈佛大学和IBM公司在共同研制一台名为"马克一号"（MARK-I）的继电式计算机时才重新发现了巴贝奇的设计，并被他100多年前的远见卓识所震惊。"马克一号"最终实现了巴贝奇的天才设想。

世界上第一个程序员艾达

虽然艾达·洛弗莱斯的名字在数学史的书上不常见到，但她还是作为最早的计算机程序员被载入史册。艾达生于1821年，在她生活的那个年代，女人经常被阻挡于科学研究之外。但艾达对数学总是充满着强烈的兴趣和热情，一有机会她就向她的朋

友——M.桑麦维里（狄·摩根的学生）请教数学。

在21岁时她写信给巴贝奇，请求他做自己的导师。一年后她承担了一篇用法文写的论文《论巴贝奇分析机》的翻译任务。她的工作不仅是翻译，而且还包括长达论文三倍的注解。她对机器作了详尽的数学解析，描述了它的部件，开列了其可能的用途。实际上，艾达描述了一台尚未存在的计算机。在注解中她甚至为这台虚有的机器写下了用它计算贝努利数的计算机程序。后来，艾达却不幸成为无节制的赛马赌徒，并为此输掉了大量的钱。困窘中她又不幸患了癌症，终于英年早逝，年仅36岁。

巴贝奇的设计在某种程度上是现代计算机的先声。为了纪念巴贝奇和艾达，IBM公司建造了一个分析机工作模型作为纪念物。为了表彰艾达在程序设计方面的功勋，人们用她的名字艾达（ADA）作为一种计算机语言的名称。

冯·诺伊曼（1903-1957）

冯·诺伊曼，生于匈牙利布达佩斯，1957年2月8日在华盛顿因患癌症去世。

冯·诺伊曼曾对世界上第一台电子计算机ENIAC（电子数字积分计算机）的设计提出建议。1945年3月他在共同讨论的基础上起草EDVAC（电子离散变量自动计算机）设计报告初稿，这对后来计算机的设计有决定性的影响，特别是对确定计算机的结构，采用存储程序以及二进制编码等，至今仍为电子计算机设计者所遵循。1946年他开始研究程序编制问题。冯·诺伊曼是现代数值分析——计算数学的缔造者之一，他首先研究线性代数和算术的数值计算，后来着重研究非线性微分方程的离散化以及稳定问题，并给出误差的估计。同时他还协助发展了一些算法，尤其值得一提的是蒙特卡罗方法。

20世纪40年代末，他开始研究自动机理论、一般逻辑理论以及自复制系统。冯·诺伊曼的一生都致力于科学研究，直到生命的最后时刻他还在深入比较天然自动机与人工自动机。他逝世后其未完成的手稿在1958年以《计算机与人脑》为名出版。

人工智能之父图灵

A.M.图灵（1912-1954）是著名的英国数学家，图灵机的发明人，现代计算机思想的创始人。

1912年，图灵出生于英国伦敦，在家中他排行第二。他幼年早熟，很早就对科学表现出浓厚的兴趣。1931年，图灵考入英国剑桥大学。1936年，24岁的他发表了《什么是计算》的论文，把计算理论大大向前推进了一步。1937年，他又发表了含有图灵机设想的论文，在这篇论文里，他首次提出了逻辑机的通用模型（即理想计算机的模型）。这篇论文永远载入了计算机发展的史册，引起了学术界的广泛兴趣。1938年，图灵获得物理学博士学位并留校任教。

在第二次世界大战期间，图灵参加了盟军司令部破译德国密码的工作。德军当时使用一部叫做Enigma（谜）的密码机器来设置军事电报密码，德国的密码专家自信用这部密码机器

产生的密码绝对保险，无人能解。殊不知，英国年轻的数学家图灵也设计了一台特殊的机器，专门破译截获到的用Enigma编码的各种信息。战后，国家为了表彰他对战争获胜所作出的特殊贡献，授予他帝国荣誉勋章。

1950年，在曼彻斯特大学任教时，他又发表了《计算机能思维吗？》的论文。在这篇论文里，他设计了著名的"图灵测验"：

一个人在不接触对象的情况下，同对象进行一系列的对话，如果他不能根据这些对话判断出谈话的对象是人还是计算机的话，那么就认为这台计算机具有与人相当的智能。这篇论文奠定了人工智能的理论基础，引起了计算机科学界的极大震动。因此，图灵被后人称为"人工智能之父"。

被测试的人

测试者

被测试的计算机

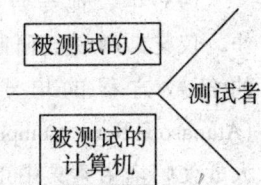

"图灵测验"的示意图

1951年，图灵被选为英国皇家学会会员。

不幸的是，图灵英年早逝，1954年6月他离开人世时年仅42岁。

图灵在他短暂的一生中为现代计算机的发展作出了两大贡献：一是建立了图灵机的理论模型，二是奠定了人工智能的理论基础。为了纪念图灵对计算机事业作出的突出功绩和伟大贡献，美国信息处理协会（ACM）设立了图灵奖，每年授予在计算机科学理论方面作出重要贡献的计算机科学家。图灵奖是目前计算机科学界的最高奖励。

布尔（1815～1864）

英国数学家，布尔代数（逻辑代数）的发明人。他于1815年出生在英国一个平民家庭，原是一位中学教师，靠自学而成为大学教授。

布尔最大的兴趣是研究二值逻辑理论。1854年，他发表了重要著作《思维规律研究》，在此著作中布尔建立了一套符号系统，将形式逻辑归结为一种代数演算，即今天的布尔代数。在布尔代数的基础上，又形成了今天的数理逻辑。布尔本人并未将逻辑代数与计算机联系起来，但他所创立的逻辑代数却对现代计算机的发展产生了深远的影响，并奠定了开关电路设计的基础。

香农（1916—2001）

克劳德·香农首先将符号逻辑即布尔代数与开关电路相连接，发现布尔代数可用做组织计算机内部运算的一种方法，从而推动了计算机的研制。

香农于1916年出生在美国密歇根州盖劳德。1932年在密歇根大学获电子工程和数学双学士学位。后到麻省理工学院工作，从事继电器电路研究。

1937年他完成《继电器和开关电路的符号分析》论文，正是这篇论文论述了布尔代数与开关电路的关系。香农写道："借助继电电路有可能完成复杂的数学运算。数可由继电器的位置和开关状态来表示。多组继电器的相互连接，可用来表示各种数学运算。"该文为数字计算机的发展铺平了道路，因而被公认为是一篇对整个科学具有巨大意义的论文。

1940年他获得数学博士学位和电气工程硕士学位。后到贝尔实验室从事通信研究，在所著《通信的数学理论》中提出了一组定理（后称为香农定理），建立了一种新型通信数学理论。

1953年他写了一篇关于计算机和自动机的论文，是人工智能领域具有开拓性的工作。

艾肯（1900—1973）

霍华德·艾肯于1900年出生在美国新泽西州。1919年进入威斯康星大学，1923年获电气工程学位。1937年在哈佛大学获得物理硕士学位，1939年获得物理学博士学位。

在IBM公司创始人托马斯·沃森的支持下，艾肯从1939年起开始Mark Ⅰ的研制。Mark Ⅰ是机电式的、通用型的，是第一台面向美国公众的计算机（在此之前研制的ENIAC因军事用途而不为人知）。1944年它的研制成功预示电子计算机革命的到来。

1945年艾肯开始研制Mark Ⅱ，它使用电磁中继部件。1950年使用电子管的Mark Ⅲ制成，1952年又研制成功Mark Ⅳ。在计算机发展史上，艾肯另一个重大功绩是对计算机教学的贡献，他是哈佛大学首任计算机实验室主任，使哈佛大学成为第一个计算机科学的培训基地。

阿塔诺索夫（1903—1995）

阿塔诺索夫是美国著名科学家，是真正的第一台数字计算机的实际发明人。他于1903年生于美国纽约州哈密尔顿城。1925年获佛罗里达大学电子工程学士学位。1926年在艾奥瓦州立学院获得数学硕士学位，以后在威斯康星大学完成博士学位。

从1935年起，为了减轻在求解偏微分方程时遇到的极大困难，阿塔诺索夫开始研制数字计算机。在20世纪30年代后期，一些目光

敏锐的学者已看到了使用电子管制造计算机的可能性，阿塔诺索夫是最早的探索者。1937年，他提出了完整的电子计算机设计思想，采用电子元件，使用二进制、串行计算和电荷存储。他的方案是在电子计算机设计中采用电子技术的最早方案，过了半个世纪后，他有关电子计算机的设想全部为当代计算机所采纳。

1939年，他与研究生贝里（C.Berry）合作，仅花1 000美元研制能求解包含30个未知数的代数方程的电子数字计算机——ABC（Atanasoff-Berry Computer）机。但第二次世界大战使阿塔诺索夫中止了计算机研制，ABC机未能投入实际使用。在研制ABC机期间，号称第一台电子计算机的ENIAC的设计人莫克利在1941年曾拜访过阿塔诺索夫，参观了ABC，领会了其全部设计思想，并带走了设计手稿。在此基础上，美国宾夕法尼亚大学的J.W. Mauchly和J.P.Eckert终于在1946年研制成功了世界上第一台电子数字计算机ENIAC。

微处理器之父霍夫

马西安·（特德）霍夫于1937年生于纽约。1958年获得伦塞勒工艺学院电子工程学士学位，之后获得斯坦福大学电子工程硕士和博士学位。1968年到Intel公司工作，负责应用研究。

在为日本公司生产专用芯片的过程中，霍夫发明了微处理器，于1971年生产出Intel 4004，为微型计算机的研制和普及奠定了基础，引起了计算机产业的一场重大革命。霍夫也因此成为20世纪最伟大的科学家之一。

1983年，霍夫被伦塞勒工艺学院授予戴维斯奖，以奖励他的杰出工程成就，确认他发明

微处理器的重大贡献。

车库里的电脑发明家乔布斯

曾任苹果公司董事长兼首席执行官。2011年8月24日，乔布斯向苹果公司董事会辞去苹果首席执行官职务，同时，苹果公司宣布乔布斯任公司董事长。不久，2011年10月5日，乔布斯因病逝世。乔布斯是计算机世界与娱乐世界的标志性人物，人们把他视作ipod、iTunes商店、iphone等知名数字产品的缔造者。

1976年，21岁的乔布斯与26岁的沃兹尼亚克在自家的车库里成立了苹果公司，并参与设计了Apple Ⅱ计算机，主持了使苹果公司进入20亿美元规模公司的Macintosh计算机的开发和市场工作。1985年，由于权力斗争乔布斯离开了苹果公司并组建了NeXT软件公司。1986年他成立了皮克斯动画工作室。在之后十年，该公司成为众所周知的3D电脑动画公司。

乔布斯在1985年获得了由里根总统授予的国家级技术勋章，1987年获Jefferson公共服务奖，并且成为1987年电脑动画制作室学院奖章获得者。

乔布斯富于想象力并极爱动脑筋。他同时又是一个细心并富有同情心的人。乔布斯寻求权力并能够掌握权力，如果你是他的对立面，那么他会是一个可怕的敌人。这些品质使他能够努力工作，少说多做。此外乔布斯还是一个决策果断，富有挑战性和进攻性的人。

1997年9月，苹果公司的创始人史蒂夫·乔布斯重返该公司任首席执行官，他对奄奄一息的苹果公司进行大刀阔斧的改革，终于让"苹果"重新"红"了起来。

乔布斯曾经说过："我对于生命历程没有太多的思考，仅仅是早上起床，开始新的一天。当我17岁时，有人告诉我将每一天都看做生命的最后一天——总有一天这会变成事实的。我想我要说明的是，现在的我跟17岁时的状态是一样的。"

珍视生命中的每一天，就是这个传奇人物的朴素人生观。

托马斯·沃森（1874—1956）

托马斯·沃森是一位非常精明的商业巨子，具有非凡的商业经营天才。他构建了计算机产业，使计算机开始为大众服务，是计算机头号企业IBM的创业者。

沃森于1874年生于纽约。1914年担任计算制表记录（CTR）公司总经理。在推销第一、重视服务的思想指导下，他经营有方，善于开拓市场，3年后公司的销售额从420万美元增加到830万美元，又过3年升到1 400万美元。

1924年，50岁的沃森成为CTR公司总裁，并将公司改名为"国际商业机器公司"（IBM）。1930年他开始考虑信息加工问题。1937年他支持霍尔德·艾肯制造出世界上第一台通用程序控制计算机MARK-Ⅰ。1946年IBM制出IBM603机，公司获得巨大效益。1953年

IBM701问世，1955年和1956年IBM702机和IBM705机相继问世。从此，IBM成为计算机垄断企业，产量占美国计算机总产量的60%以上。

1956年，这位82岁的IBM创始人与世长辞，由其儿子小沃森接任IBM董事长。

比尔·盖茨（1955—）

微软的创始人、董事会主席。1995年到2007年连续13年蝉联世界首富。他的举止与他的成就总是不协调，说话尖锐高亢，满口俗话，态度傲慢甚至粗鲁。但是，他的动作又隐藏着充沛的精力和高昂的情绪。他是令世人羡慕和敬畏、奉承和恐惧的对象。这些强烈的情绪，令人无法对他的行为作出理性和正确的判断。但无论你爱他、恨他，你都无法漠视他。有人说："盖茨对软件的贡献，就像爱迪生对灯泡的贡献一样，集创新者、企业家、推销员和全能的天才于一身。"盖茨的成功是商业达尔文主义和全球资本主义联姻下的奇迹，也是自由竞争和市场强权双重杠杆游戏下的神话。

比尔·盖茨1955年10月28日生于美国西北部华盛顿州的西雅图。父亲是律师，是他早期打官司的重要帮手；母亲是教师，后来在盖茨与IBM历史性的合作中起过关键作用。盖茨自小酷爱数学和计算机，在中学时就成为有名的"电脑迷"。1973年他上了哈佛大学。大学二年级时，盖茨开始了他的创业，于是，微软公司于1975年诞生了。1980年11月，IBM与微软签订了合同，自此，微软鲤鱼跳龙门，踏上了它的腾飞之路。如今，微软已成为业内的"帝国"，除了主宰PC操作系统和办公软件（这是微软的命脉）外，还插足个人财务软件、教育及游戏软件、网络操作系统、商用电子邮件、数据库及工具软件、内部网服务器软件、手持设备软件、网络浏览器、网络电视、上网服务以及近20个不同的互联网站。作为软件业的神话，盖茨无疑是最成功的商人之一。

王选与北大排版系统

王选（1937—2006）出生于上海，1958年毕业于北京大学数学系，是国际上驰名的计算机专家。他是我国现代电子出版系统的开创者和奠基人，被誉为"当代毕昇"。他先后获得九项中国和欧洲专利，其中"高分辨率汉字字形的压缩和还原算法"获中国十大专利金奖。他还获得国家科技进步一等奖，陈嘉庚技术科学奖，北京市科技进步特等奖，第一届"毕昇奖"和"森泽信夫印刷奖"。

王选的突出贡献是，在他主持下研究的方正控制机原理图获得了欧洲及日本专利，使我国的排版走上了电脑排版之路。

传统的报纸、图书都是用铅字印刷，因此离不开"铅"与"火"。当时先用火熔化金属

铅，然后再铸成铅字。这种工艺劳动强度大，污染环境，影响排版工人的身体健康。随着计算机技术的发展，电子激光技术逐步取代了"铅"与"火"。北大的"华光"激光照排系统就是中国电子出版领域的先行者。

"华光"激光照排系统的研制工作始于1974年8月。1975年5月，北京大学开始研制照排系统，由王选等主持这项工作。1979年7月27日，在北大汉字信息处理技术研究室的计算机房里，科研人员用自己研制的照排系统，在极短的时间内，一次成版地输出一张由各种大小字体组成、版面布局复杂的八开报纸样纸，报头是"汉字信息处理"六个大字。这是首次用激光照排机输出的中文报纸版面。这项成果，为世界上最浩繁的文字汉字告别铅字印刷开辟了通畅大道，对实现中国新闻出版印刷领域的现代化具有重大意义。它引起当代世界印刷界的惊叹，被誉为中国印刷技术的再次革命。

随着研究工作的不断深入，"华光"激光照排系统日臻完善。1990年全国省级以上的报纸和部分书刊已基本采用这一照排系统。现在，全国的报纸和出版社全部实现了激光照排，铅字印刷已经成为历史。

求伯君和WPS

求伯君（1964—）出生在浙江绍兴新昌县一个贫困的山村，1980年，求伯君考入长沙国防科技大学，就读于数学系信息系统工程专业。他的计算机专业成绩一直很好，但其他科目却是成绩平平。

平淡地度过了毕业后的两年，1986年的深圳之行使求伯君的心灵受到了震撼，他开始意识到计算机的应用将是无所不在。1986年12月，求伯君经过几个昼夜的奋战，写下了他的处女作——50 000行汇编程序的高级打印驱动程序，他把这个软件定名为"西山超级文字打印系统"，凭着这个软件系统他进入了四通公司。

很快地，求伯君发现当时的汉化字表处理软件"WS"用于处理汉字存在着诸多的不便，就向公司提出了开发文字处理系统软件"WPS"的设想。可惜并没有引起重视。正当求伯君苦恼之际，香港金山电脑公司的总经理张旋龙慧眼识金，有意同他共建"WPS"。于是金山公司给求伯君提供了一个适宜的环境，他也便开始了他艰苦的研究生涯。

求伯君仿佛注定要为"WPS"而饱受苦难，在工作中曾两次肝炎复发。1988年11月，"WPS"的工作到了最后也是最紧要的关头，求伯君再一次病倒了，无奈住进了医院。但此时他是无论如何也不敢休息，怕因中断而失去创作的灵感，他叫人把电脑搬进病房，一边治病一边编制他的"WPS"源程序。

在求伯君艰辛汗水的浇灌下，一个较为完善的中文平台"WPS"终于诞生了。在"WPS1.0"问世以后，求伯君一如既往地进行新版本的研制工作，不断地推出新版本，增加新功能。直到"WPS NT"的出炉（被誉为划时代的作品），求伯君一发不可收拾，既而推出了又一力作"PANGO（盘古）组件"，首开中文办公自动化集成软件之先河。

这就是求伯君的"WPS"之路，正是不断的开拓创新和吮吸民族文化的养分，铸就了这个灿烂的神话。

三、各式各样的计算机

兴旺发达的电脑家族

根据计算机的演变过程和近期可能的发展趋势，目前国际上将计算机分为六大类：

超级计算机或称巨型机 通常是指最大、最快的计算机。目前世界上运行最快的超级机速度为8 612万亿次每秒浮点运算。

小超级机或称小巨型机 小超级机又称桌上型超级电脑，它使巨型机缩小成个人机的大小，或者使个人机具有超级电脑的性能。

大型主机 它包括我们通常所说的大中型计算机。这是在微型机出现之前最主要的计算模式。随着微机与网络的迅速发展，大型主机正在逐渐走下坡路，许多计算中心的大机器正在被高档微机群取代。

小型机 由于大型主机价格昂贵，操作复杂，只有大企业、大单位才能买得起。在集成电路推动下，20世纪60年代DEC公司推出一系列小型机，如PDP-Ⅱ系列、VAX-Ⅱ系列，HP有1000、3000系列等。通常小型机用于部门计算，同样它也受到高档微机的挑战。

工作站 工作站与高档微机之间的界限并不十分明确，而且高性能工作站更接近小型机，甚至接近低端主机。但是，工作站毕竟有

它明显的特征：使用大屏幕、高分辨率的显示器，有大容量的内外存储器。它们的用途也比较特殊，例如用于计算机辅助设计、图像处理、软件工程以及大型控制中心。

个人计算机或称微型机 个人计算机是在大小、性能以及价位等多个方面适合于个人使用，并由最终用户直接操控的计算机的统称。台式机、笔记本电脑、上网本、平板电脑等都属于个人电脑的范畴。

大型计算机

简称大型机，俗称大型电脑。大型机性能高、容量大，供多用户使用，档次仅次于巨型机，代表一个时代信息处理的综合水平，广泛应用于军事、气象、航空航天、交通疏导、资源调查和管理、疫情调查、图书资料管理、企业管理、科学计算、大型工程设计等有关国计民生的重要行业，也是计算机网络主机的首选机型。

大型机通常由处理机系统、存储器系统、输入输出系统组成。处理机可以是单处理机、多处理机或多子系统复合体。存储器系统一般是多层次的，由主存储器、高速缓冲存储器、磁盘存储器、磁带存储器、光存储器等构成。输入输出系统一般由多路通道和各种外围设备组成。

埃尼阿克计算机

在20世纪中叶，一件震动整个世界的事情发生了，这就是美国研制的埃尼阿克（ENIAC）计算机。

研制电子计算机的巨大动力产生于第二次世界大战，当时，美国军方正在努力寻找一种可以快速计算各种兵器弹道的计算工具。由于战争的推动，加快了电子计算机的研制速度。

领导埃尼阿克计算机研制工作的是一群朝气蓬勃、富于创造精神的年轻的科学家和工程师。他们是物理学家莫克利、电气工程师艾克特、数学家格尔斯坦、逻辑学家勃克斯等。

1946年2月14日，埃尼阿克在宾夕法尼亚大学做公开表演。埃尼阿克仅用了30秒钟就出色地完成了炮弹从发射到击中目标飞行一分钟的弹道的计算。这件事一下子轰动了全世界。曾经有人这样形容埃尼阿克："计算导弹飞行速度的工具比导弹跑得还要快。""这样的机器，全世界只要有两台就够了。"

如果用我们现在的眼光来看埃尼阿克，它可真是一个庞然大物。

埃尼阿克一共由18 000个（准确数字为17 468个）电子管、70 000个电阻、6 000个开关组成，占地170平方米，质量达30吨，耗电量约为150千瓦。埃尼阿克每秒钟可进行5 000次加法运算或400次乘法运算。这个速度比人工计算快20万倍，比手摇式计算机快1 000倍，这在当时已经是一个相当了不起的速度了。

埃尼阿克后来主要用于弹道计算，在美国研制第一颗原子弹的"曼哈顿计划"中起到了巨大的作用。埃尼阿克在为人类工作了十年后于1955年光荣退休，现陈列在美国的史密逊博物馆里，向后人述说着它光辉的历史。

IBM PC机

IBM PC机是目前个人电脑的主流机型，是美国IBM公司于1981年8月推出的。由于采取了开放的结构，使任何厂商都可以生产符合IBM PC标准的计算机。这种普遍兼容的方法吸引了全世界许多厂家为IBM PC机生产软、硬件设备，从而迅速占领了市场。目前家用电脑和办公电脑中的绝大部分都是IBM PC机。经过十多年的发展，IBM PC机形成了主要采用美国Intel公司的处理器和美国微软公司的Windows操作系统这样一种模式。

苹果机

苹果计算机是最早的微型计算机，是美国硅谷的两个年轻人乔布斯和沃兹尼亚克于1976年研究成功的，并因此建立了著名的苹果公司。在IBM PC机出现之前，苹果机是个人电脑市场上的主流。由于苹果公司采取不和其他厂商兼容的封闭路线，20世纪80年代以后，苹果机失去了主导地位。较IBM PC来看，苹果机往往配置较好，因此苹果机多用于图形领域。此外，苹果机往往代表了潮流和时尚，代表了高端与精美的工业设计，但由于其使用MacOSX操作系统，不兼容Windows软件，所以出现了苹果机叫好不叫座的情况。

单片机

把中央处理器、一定容量的存储器（包括

RAM和ROM）、定时器和计数器以及输入输出接口等都集成在一块芯片上，这样的一块芯片就是一个单片计算机，简称单片机。单片机又称微控制器，它具有完整的数字处理功能，配以适当的外围设备和软件就可构成一个计算机应用系统。

单片机的特点是体积小，价格便宜，可靠性高，指令系统简洁，可直接装在要控制的仪表和设备中，为仪表、设备的自动化和智能化提供了有利条件。

人工智能计算机

具有人工智能的特征，更像人的计算机系统。它具有某些仿人智能的工程控制和信息处理系统，可模拟人类智能活动及其控制与信息传递过程的规律，具有推理判断、思维分析、学习和决策的能力。这种机器操作非常容易，用户不需要专门知识便能够很方便地使用。人们可以不必编制程序，只要发出命令或写出某个方程式或提出某个要求，计算机就能完成所需的程序，并把结果提供给使用者。智能计算机具有强大的取值计算能力，又有很强的非数值处理能力和通信能力。

在结构上，智能计算机由问题求解与推理机、知识库机以及智能化人机接口三大部分组成；在功能上，具有联想、推理、解释和学习的能力。它能直接识别自然语言、声音、图形和图像等形式的输入信息，经过计算或推理，得到问题的解答，然后以自然语言、声音、图形或图像的形式输出。也就是说，智能计算机能听懂人说话，自己也会说话，能看懂文字和图形，能识别不同的物体，能写字和画图。它有知识，能学习，能够推理，能解决问题，能模拟未知的情况得到新的知识见解，支持人们开拓未来的新领域。

生物计算机

俗称生物电脑。应用有机或生物材料制成的分子器件（又称为生物芯片）按照一定的体系结构连接而成的新型计算机。

在分子器件里，信息的编码、加工、传递都是通过分子尺度内的生物化学反应来完成的。分子器件能耗小，密度高，运算速度快，能够同时进行巨量的生化反应，具有极高的自适应能力和大规模立体互联特性，因而其集中度和其他性能都能超越半导体芯片的极限。

生物计算机的体系结构和工作原理也不同于依照串行方式顺序执行指令的冯·诺依曼计算机，通常是由分子器件构成的具有学习和自组织机制的分布式大规模并行系统。其信息的处理是一个复杂的生化反应过程，反应前的编码分子序列是有待处理的程序或数据，反应后的编码分子序列则是处理后的结果或中间结果。其信息的存储是通过学习获得的，往往表现为短时记忆与长期记忆的结合。

生物计算机的信息处理能力将远远超过电子计算机，可以解决冯·诺伊曼计算机难以胜任的问题。生物计算机还处在探索性研究阶段，可望在不久的将来投入使用。

四、计算机的硬件设备

计算机硬件

"硬件"是指构成计算机的物理器件，包括控制器、运算器、存储器、输入设备和输出设备。现在的计算机都将控制器和运算器集成在一块电路芯片上，称为"中央处理器"。

微型计算机的外观

从外观上看，计算机也可以分为主机和外部设备两大部分。主机主要由中央处理器和内存储器两大部分组成。外部设备主要由输入设备、外存储器、输出设备等部分组成。输入和输出设备除外存储器以外都在主机箱的外部。计算机的外部设备主要包括显示器、键盘、鼠标、打印机、扫描仪、刻录机、数码相机、摄

像头等等。

中央处理器、内存储器、外部设备控制插卡等部分安装在一块大型的印刷电路板上，这块电路板叫做主板。主板、电源和外存储器都安装在一个金属机箱内，而显示器、键盘、打印机等则需要通过电缆与主机箱连接。

键 盘

键盘是计算机最常用的输入设备，通过键盘我们可以向电脑输入文字、数据等信息，也可以通过程序和指令实现人机对话。按照与主机的连接方式分类，键盘可分为PS/2接口键盘、USB接口键盘和无线键盘。

键盘由英文字母键、数字符号键和一些功能键组成，有100多个键，使用专门的输入法软件，也可以用键盘输入汉字。随着现代计算机的快速发展，其功能不断增加，键盘上也增加了一些按键。

鼠 标

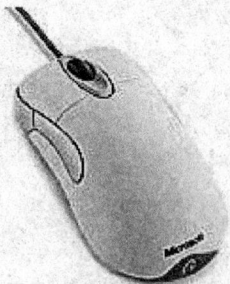

鼠标的英文名称叫做 Mouse。利用鼠标，可以方便快捷地指定光标在显示器屏幕上的位置。尤其是在 Windows 环境下，操作几乎离不开鼠标。

目前市场上鼠标的种类很多，按结构分类，有分辨率较低的机械式鼠标和分辨率较高的光电式鼠标。机械式鼠标的底部有一个滚动球，在普通桌面上就可以使用；光电式鼠标的底部没有滚动球，但有一个光电探测器，需要在专用的垫板上移动才能使用。

扫描仪

扫描仪是向电脑输入纸张上的图像和文字的设备。将需要输入的资料放在扫描仪的玻璃平板上，通过电脑发出指令，带有光源的扫描头就在板下移动，光线照在资料上，反射的光线转成电脑可以处理的二进制数字信号。

使用扫描仪可以向电脑成批输入数据，提高了输入效率。扫描仪有台式和手持式两种。手持式依靠手动来移动扫描头，使用灵活，价格便宜，但手持式扫描仪的扫描宽度不及台式扫描仪，并且功能也要少一些。

声音输入装置

将声音信号直接输入计算机的装置。它能接收声音（通常指人的语音）并能将声音信号转换成计算机可识别的数据。

由于人们母语的不同、文化背景的差异以及受人发音器官的影响，人发出的声音千差万别，而且不同人的发音具有不同的声波特性，即使是同一个人，由于情感状态的不同，其发音也存在某些差异，因而语言的复杂性和多样性给声音处理带来较大困难。

声音识别是声音输入的基础。进行声音识别的方法之一是事先将声音样品存放在识别机内，经过处理分析后建立一种标准的声音模式，当声音输入时，计算机就将当前输入与已存的标准模式进行比较、判断和识别。

声音输入装置与传统键盘输入相比具有输入方便、输入速度快等优点，而且只有实现了声音输入后才能实现人机真正的"对话"。市售语音识别装置已达实用标准，电脑操作人员可使用这种声音输入装置直接进行中文录入。

手写输入装置

计算机系统中最适合人们书写习惯、最人性化的一种输入方式。它使用有绳笔或无绳笔（如国内常见的汉王笔、紫光笔），利用压力传感或电容传感等原理将手写的数字、字符和汉字等输入计算机，然后采用模式识别技术、人工智能技术等对输入的信息进行识别，将其转换成计算机能处理的某种代码。

手写输入一般要求书写工整，笔画正确，

对经过一定训练的人的输入识别率较高，对一般人的手写输入则人和机器都有一个学习和适应的过程。手写输入、声音输入、扫描输入、键盘输入已经成为计算机系统的四大基本输入方式。

数码相机

数码相机是近年发展起来的一种新型照相机，它将图像存储在数码相机的存储器中，可以将图像输入到计算机中进行处理。数码相机的性能指标主要是分辨率，分辨率越高，所能处理的图像也越清晰。

显示器

显示器又称为监视器，它与电视机的差别主要是它没有电视接收机中的频道选择电路和高频通道电路。显示器的主要技术指标有分辨率、点间距、屏幕尺寸、扫描频率及安全规范等。

分辨率是指显示器的屏幕上横向和纵向可显示光点数，是显示器重要的技术指标。分辨率越高，显示越清晰。

屏幕尺寸是指荧光屏对角线的长度，单位为英寸。屏幕尺寸减去荧光屏上不可显示区域是可视面积。不同型号但屏幕尺寸相同的显示器的可视面积一般是不一样的。

点间距是光点之间的距离，点间距越小，清晰度越高。点间距的规格有0.39 mm、0.31 mm、0.28 mm、0.26 mm和0.25 mm等。

扫描频率指每秒钟完成扫描的次数，扫描频率高，就不会使人感到闪烁。我们在选择显示器时，主要关注的是场频，也叫刷新频率。一般认为场频达到85 Hz就已经很满意了。但显示器在高分辨率下，场频会相应降低，因此在选择时应选择在要求的分辨率以下的场频。

打印机

打印机按印字的技术方式划分，可以分为击打式打印机和非击打式打印机两类。通过机械动作撞击色带，使字符印在纸上的打印机属击打式的，如点阵式打印机；采用喷墨、热敏式静电转印形式而使字符显于纸上的打印机属非击打式，如喷墨打印机和激光打印机。

（1）针式打印机。现在广泛使用的击打式打印机是点阵式的，这类打印机上的关键部件是一个可沿水平方向运动的打印头，在打印头上有一组可按控制命令动作的钢针。通过电磁铁带动这组钢针撞击色带，将一组组的点阵打印在纸上，组成输出的文字和图像。

针式打印机

针式打印机的缺点是噪声大，但价格比较便宜。

（2）喷墨打印机。喷墨打印机是通过喷墨管将墨水喷射到打印纸上输出信息的。喷墨打印机的打印噪音和印字效果都优于针式打印机。

喷墨打印机

喷墨打印机声音低，打印的质量也较高，还具有价格较低的优点，是目前较为流行的打印机，但喷墨头的价格较贵。

（3）激光打印机。激光打印机是一种采用激光和电子照相技术在打印纸上输出信息的非击打式页式打印机。它具有打印无噪声、速度快、分辨率高等特点，其打印出的字符和图形的质量高于喷墨和点阵式打印机。激光打印机打印质量高，无噪声，但价格较贵。

激光打印机

系统总线

微型计算机中CPU、内存及外部设备之间的信息是通过系统总线传送的。系统总线是计算机各部件之间传送数据、地址和控制信息的公共通道。计算机的总线被设计在计算机的主板上，主板上的总线与接口板插槽相连，声卡、显示卡等输入输出设备通过插槽与总线相连。

微机的总线可以分为数据总线、地址总线和控制总线。通常所说的总线都包括上述三个组成部分。

数据总线的功能是在CPU部件与内存或输入/输出设备、内存与输入/输出设备之间传送数据信息。数据总线的位数，反映了CPU一次可以处理数据的能力。

地址总线的功能是将CPU部件的地址值传送到内存或输入/输出设备。地址总线的宽度一般反映计算机系统的最大内存容量。

控制总线的功能是传送控制器的各种控制信号，包括由CPU部件发出到其他部件和由其他部件传送到CPU部件的反馈信号和申请信号。

不间断电源

在掉电后能继续为计算机系统或其他电子设备供电的电源称为不间断电源。

在计算机系统运行期间，供电的中断将会导致随机存储器中数据的丢失和程序破坏，有时甚至使磁盘盘面及磁头遭到损坏。为保证计算机系统的正常运行，必须要有一种电源系统能在市电发生瞬时断电时在小于10 ms的时间间隔内重新送电，UPS就是应这种需要而设计制造出来的。UPS的基本结构是一套将交流市电变为直流电的整流/充电装置和一套把直流电转变为交流电的PWM逆变器。

UPS按输出波形的不同可分为方波及正弦

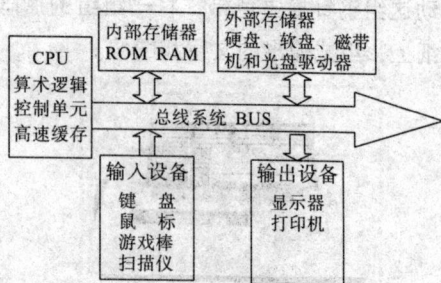

CPU	内部存储器	外部存储器
算术逻辑	ROM RAM	硬盘、软盘、磁带
控制单元		机和光盘驱动器
高速缓存		

总线系统 BUS

输入设备
键 盘
鼠 标
游戏棒
扫描仪

输出设备
显示器
打印机

总线示意图

波输出两种。正弦波输出UPS供电质量远优于方波输出UPS。

UPS按操作方式的不同又分为后备式（stand by）和在线式（on line）两种。后备式UPS在市电正常供电时由市电直接向计算机系统供电，当市电供应中断时蓄电池才对逆变器供电并由逆变器对外提供交流电源。在线式UPS在正常情况下不论市电有无，总是由逆变器对计算机系统供电，这就避免了由市电电网而带来的任何电压波动及干扰对计算机系统的影响。在线式UPS供电质量优于后备式UPS，而后备式UPS运行效率高，价格相对便宜。

声　卡

声卡是安装于主机扩展槽内处理声音信息的计算机硬件设备。它将计算机的数字信息转化为音频信号，然后通过音箱将声音传播出去。同时它还可以将麦克风输入的音频信号转换为数字信号输入到计算机中。一般的声卡常常有三个插孔，分别为"Audio Out"（用于连接音箱、耳机等设备，实现声音的输出）、"Line In"（主要用于线路输入，如通过线路连接到电视或者收放机等设备实现将其他音频信号输入计算机）、"Mic"（用于连接麦克风，通过麦克风向计算机输入音频信号）。根据总线形式的不同，有ISA声卡和PCI声卡的区别。反映声卡质量的技术指标主要有三个方面：①采样频率，声卡的采样频率通常有三个标准：11.025 kHz、22.05 kHz和44.1 kHz，采样频率越高，声音质量越好。②采样位数，通常有三个档次：8位、16位、32位，一般ISA声卡为16位，PCI声卡为32位。声卡处理数据的位数越多，声音效果也就越好。③声道数，有单声道和双声道两种，双声道可以播放立体声效果。一般声卡都是双声道的。

显示卡

显示卡也叫做显示适配器。显示器与中央处理器之间由显示卡通过总线连接。显示卡将计算机要显示的信息转换成显示器能够接受的形式，以供显示器显示。

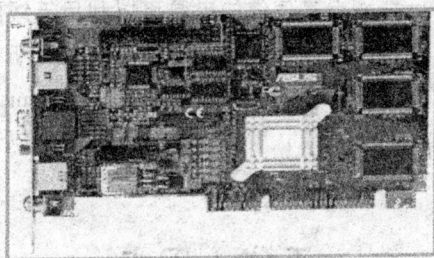

最早出现的微机显示卡只能显示黑白两种颜色，而且只能显示字符，不能显示图形。后来出现了一种叫做CGA彩色显示标准，但只能显示四种颜色，分辨率也不高。后来又出现了VGA显示卡，其分辨率和显示的颜色数有了较大的提高，因此曾广为流行。在VGA显示卡流行期间，还出现过几种过渡的显示卡。现在这些显示卡已经被淘汰了，取而代之的是PCI总线和新一代的AGP总线显示卡。AGP显示卡更增强了3D图像的处理功能。

网　卡

计算机与外界局域网的连接是通过主机箱

内插入一块网络接口板（或者是在笔记本电脑中插入一块PCMCIA卡）。网络接口板又称为通信适配器或网络适配器或网络接口卡，但是现在更多的人愿意使用更为简单的名称"网卡"。

网卡是局域网中连接计算机和传输介质的接口，不仅能实现与局域网传输介质之间的物理连接和电信号匹配，还涉及帧的发送与接收、帧的封装与拆封、介质访问控制、数据的编码与解码以及数据缓存的功能等。

无线网卡

无线网卡是使你的电脑可以利用无线网络来上网的一个装置。如果你在家里或者所在地有无线路由器或者无线ΛP（Access Point无线接入点）的覆盖，就可以通过无线网卡以无线的方式连接无线网络上网。

无线上网卡

无线上网卡是目前无线广域通信网络上广泛使用的上网介质。目前我国有中国移动的EDGE、TD-SCDMA和中国电信的CDMA（1X）三种网络制式，所以常见的无线上网卡包括CDMA无线上网卡和EDGE、TD-SCDMA无线上网卡三类。

外存储器

外存储器也叫做辅助存储器，简称外存。计算机的内存容量有限，且断电后其中的数据会随之消失，所以计算机主要依靠外存储器来

保存用户的数据和程序。外存储器具有存储容量大、携带方便、价格低等优点。一般的微机都配备有外存。U盘、硬盘、光盘等是我们常用的外存储器。

内存储器

内存储器简称内存，它包括随机存储器（英文缩写为RAM）和只读存储器（英文缩写为ROM）。这两种存储器都是由半导体芯片组成的存储电路。

RAM

它们的区别是：RAM只能临时保存数据，计算机电源关闭之后，RAM保存的数据就会消失，但RAM的优点是既可以写入数据，也可以读取数据；而ROM只能读取数据，不能写入数据，但电源关闭后仍然可以保存数据。这两种存储器的功能互为补充。ROM一般用来存储微机运行时必不可少的程序，其中最主要的是BIOS，即基本输入/输出子程序。另一方面，RAM的制造成本比ROM更低一些，因此，计算机中大量使用RAM。一般计算机说明书上所说的内存容量指的都是RAM的容量。

因为中央处理器可以直接访问内存储器，所以内存是决定计算机性能的一个重要的技术指标。内存越大，程序执行的速度越快。现在许多大型软件都对内存有最低配置的要求，少于这个最低配置，软件将无法运行。

RAM可以分为静态随机存储器（英文缩写为SRAM）和动态随机存储器（英文缩写为DRAM）。其中，DRAM的制造成本比较低，适合作为计算机的大容量随机存储器；而SRAM

ROM

的制造成本比较高，但存取速度快，因此往往用作高速缓存器（Cache）。缓存器的作用是预先将其他存储器中的数据或程序读入，以提高CPU读取数据的速度。

ROM根据其特性和用途可以分为固化ROM、PROM、EPROM和Flash EPROM几种。固化ROM在出厂时所存储的内容就被固化，永久不会改变；PROM可以由用户一次性将内容写入，以后不能改动；EPROM的内容则可以用专门的设备擦除，并允许重新写入新的内容；Flash EPROM则可以用软件来改写其内容，而且不需要专门的设备，但可能会被计算机病毒程序破坏其内容。

硬盘存储器

硬盘存储器简称硬盘，硬盘盘片与硬盘驱动器被密封在一起，盘片不能取出。硬盘的优点是存取速度快，存储容量大。

硬盘的磁头、盘片及执行机构被密封在一起与外界隔绝，并采用磁头接触式启停方式。硬盘不工作时，磁头是与磁盘接触的，而在进行读写操作时磁头悬浮在磁盘表面。硬盘在进行读写操作时，突然断电或受到震动，可能会损坏硬盘。

目前常用硬盘的盘容量为500 G、750 G、1 TB、1.5 TB、2 TB、3 TB，甚至容量更大的硬盘。

U 盘

U盘也称闪存盘。其最大的特点是小巧便于携带、存储容量大、价格便宜。

闪存是一种长寿命的非易失性（在断电情况下仍能保持所存储的数据信息）的存储器。闪存是电子可擦除只读存储器（EEPROM）的变种，闪存与EEPROM不同的是，它能在字节水平上进行删除和重写而不是整个芯片擦写，这样闪存就比EEPROM的更新速度快。由于其断电时仍能保存数据，闪存通常被用来保存设置信息，如在电脑的BIOS（基本输入输出程度）、PDA（个人数字助理）、数码相机中保存资料等。

光盘存储器

光盘的英文名称叫CD-ROM，它是一种非磁性介质的存储器。

光盘驱动器是读取光盘信息的工具。当光盘驱动器工作时，光盘在光盘驱动器里飞速地旋转，光盘驱动器内部的激光二极管发出一束精度极高的激光束，这组激光束穿过聚光棱镜系统折射到阅读头，阅读头沿光盘半径的方向移动，把激光束射向光盘的某一区域。如果这个区域是凹面，光束被吸收；如果这个区域是凸面，光束就被反射回来。

当这束光被反射回来后，又通过阅读头、光电二极管、光敏传感器把传回来的光信号转

光盘驱动器

换成二进制代码后传给中央处理器进行处理。

但由于技术和价格的原因，目前大多数微型计算机安装的光盘驱动器还只是只读光盘驱动器，这样的光盘驱动器只能从光盘上读出信息，而不能往光盘里写入信息。要想往光盘里写入信息，还需要一种叫做光盘刻录机的特殊装置。

中央处理器

中央处理器

在微型计算机的主板上有一块大规模集成电路芯片，它的名字叫做中央处理器。它的英文缩写是CPU。它是计算机中最重要的核心部件，计算机的算术运算、逻辑运算、数据传送等功能均需由中央处理器来负责。中央处理器的速度决定了一台计算机的运算速度，它是计算机非常重要的技术指标之一。

大家一定听说过286（80286）、386（80386）、486（80486）、奔腾（Pentium）吧，这些都是美国INTEL公司开发的一种微处理器芯片的型号。由于许多微型计算机厂商都采用INTEL公司生产的芯片作为中央处理器，所以人们逐渐习惯把中央处理器的型号作为微型计算机的型号。一般来说，CPU的型号越大，它的运算速度就越快。

绘图仪

机电一体化的图形输出设备，常用于CAD系统。绘图仪的控制部件将计算机输出的绘图命令和绘图信息加工成一组组有序脉冲，并转换成驱动伺服电机（或步进电机）旋转的信号，从而带动传动机构和执行部件在图纸上画出图来。

按绘图方式分类，可有笔式和喷墨式绘图仪之分；而按机械结构分类，又有平板式和滚筒式绘图仪之分。

绘图仪可绘出精度很高的图纸，笔式绘图仪在绘图平面上移动的距离可达0.012 5 mm精度，而彩色喷墨式绘图仪则能绘出精美的彩色图片。

Risc和Cisc

Risc是指精简指令系统计算机，是采用硬连线布线技术、流水线技术、指令并行执行和编译优化技术，具有简化的指令系统的一类计算机。Cisc是指复杂指令系统计算机，是采用微程序技术（微指令结构），具有复杂指令系统的一类计算机。精简指令系统计算机与复杂指令系统计算机是相对而言的，两者并没有截然的界限。

Risc的特点是：指令的数量和种类少；指令的长度基本一致；指令格式基本相同；指令的寻址方式少；指令的执行时间基本相同（一个周期执行一条指令）；指令的功能较为单一；指令解码通过硬布线逻辑实现，基本不使用微

程序技术；指令在CPU的寄存器之间的操作较多，与存储器打交道较少，因而执行效率高，速度快。它的缺点是：因为指令功能单一，采用汇编语言进行程序设计时就较为复杂，要多条指令才能完成复杂指令系统中一条指令就能完成的操作。目前微机、工作站、小型机、大型机及超级计算机已普遍采用Risc技术。

所谓复杂指令是指指令的数量和种类多（常为100条以上指令），指令的长度和执行时间相差较大，指令的寻址方式多种多样，指令的功能丰富、强大，指令中有不少接近于高级语言语句的指令。早期的计算机多为复杂指令系统计算机，这类计算机在产品系列中软件兼容性较好，比较适合于汇编语言程序设计，使用比较广泛，有深厚的用户基础，也积累了大量的应用软件。

计算机存储容量的单位

计算机具有巨大的存储记忆能力，它是靠存储器来存储记忆各种信息的，像内存储器、闪存盘、硬盘、光盘等。但是，这些存储器究竟能储存多少信息呢？

要回答这个问题，首先要有一个度量单位。就像我们在日常生活中，可以用米或厘米来表示一个物体的长度，用千克来表示一个物体的质量一样，当我们描述计算机的存储容量时，也需要一个度量单位。

由于计算机主要是由各种电子元器件组成的，电有两种状态：开和关，用数学中的二进制最容易描述这两种状态。二进制中只有两个数0和1，正好和电的两种状态相对应，在计算机内部，一切信息的处理，比如中央处理器的

运算、存储器存储的数据等都是用二进制数来实现的。换句话说，计算机里面装的全是0和1。一个二进制的"0"或"1"称为一个二进制位，简称为"位"，英文是bit，音译为"比特"。信息的最小单位是二进制数中的一位数。

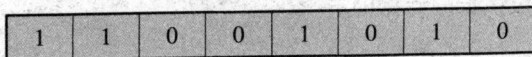

1	1	0	0	1	0	1	0

8个比特组成一个拜特

计算机存储容量的基本度量单位是"字节"而不是"比特"，一个"字节"由8位二进制数组成，用英文字母B来表示（英文byte的第一个字母，音译为"拜特"）。一个"字节"可以表示一个英文字符，两个"字节"可以表示一个汉字。因为"字节"这个度量单位毕竟太小了，描述计算机的存储容量时太不方便了，就像用厘米来表示从北京到上海的距离一样，所以人们又规定了几个大一点的度量单位。第一个是"千字节"，用英文字母kB来表示；第二个是"兆字节"，用英文字母MB来表示；第三个是"千兆字节"，用英文字母GB来表示。

"比特"、"字节"、"千字节"、"兆字节"和"千兆字节"之间的换算关系是：

1 B（字节）	=	8 Bit（比特）
1 kB（千字节）	=	1 024 B（拜特）
1 MB（兆字节）	=	1 024 kB
1 GB（千兆字节）	=	1 024 MB

微型计算机系统的主要技术指标

由于我们日常使用的都是微型计算机，下面就以微型计算机为例，介绍计算机的主要技

术指标。

1.字长

字长是指微机CPU能一次直接处理二进制数的位数。字长以二进制为单位，字长越大，微机的功能也越强。现在市场上多是32位或64位字长的计算机。

2.主频

微机运算速度的快慢，与主频有很大的关系。主频是指计算机CPU的时钟频率，单位一般用MHz（兆赫）或GHz（吉赫）来表示。

由于计算机技术的发展速度很快，微机的主频也在不断地提高，目前，CPU的主频已经达到了5 000 MHz以上。

3.运算速度

运算速度是指计算机每秒钟能执行的指令数。运算速度的单位为MIPS（即每秒钟百万条指令）。这一指标不仅与CPU的主频有关，而且还与CPU的结构设计及其他技术指标有关。

4.存取速度

存取速度是指计算机的存储器完成一次读（取）或写（存）操作所需要的时间。

前面几个指标都取决于中央处理器的性能，但中央处理器并不能完全决定计算机的性能，如果存储器的速度很慢，中央处理器在工作时就要等待，使得计算机的整体性能降低。

5.内存容量

内存容量是指计算机内存储器能够存储数据的总字节数。内存容量越大，所能存储的数据和可以运行的程序就越多，程序运行的速度也就越快。如果内存容量不足，计算机就要不断地通过外存储器来交换数据，由于外存储器读取数据的速度大大低于内存储器，从而使计算机的运行速度大大降低。

目前流行的微机内存容量一般为2 GB。

6.外存容量

外存容量是指计算机外存储器能够存储的数据的总字节数。微机的外存包括闪存盘、硬盘和光盘，单独一台计算机的外存容量指标一般是指硬盘的容量。

以上是微型计算机的主要技术指标，除此之外，还可以用兼容性、性能价格比、系统完整性、可靠性、可用性等方面来衡量一台计算机的性能。

五、计算机软件

硬件和软件的关系

硬件是指计算机的物理装置，也就是可以看得见摸得着的计算机零部件，如主机箱、显示器等；而软件是指支持计算机工作的程序和文档。所谓程序是指人们事先设计好的计算机工作流程。例如，我们经常使用的Windows操作系统就是一个大型的程序，它在工作时时刻在等待用户用鼠标或键盘发布操作命令，然后执行用户的命令。程序的相关文档是指程序的说明文件，用来记录程序设计的过程，以便在将来修改程序时参考。软件开发者为了保护自己的利益，程序的相关文档一般是对外保密的。尽管软件分为程序和相关文档，但软件一般指程序。

没有软件的计算机称为裸机，裸机是不能工作的。但如果只有软件没有硬件，软件也没有存放的地方，仍然不能工作。这就好比会计用算盘算账，如果只有算盘这个硬件，而不掌握珠算口诀这个"软件"，或者只会珠算口诀而没有算盘，都是无法工作的。

什么是计算机软件

一般是指计算机系统运行所需要的各种程序（含数据）和文档的总称。软件是计算机行业中的重要产品，它不是一种有形的物质，它表示的仅仅是一种思想，以程序的形式表达，通常存储在磁性介质（磁盘、磁带）、光盘等上面，必须装入机器内部才能工作，也有的直接写入ROM中，成为计算机硬件的一个组成部分（软件硬化）。文档则是对程序的解释性说明资料，如操作使用说明书、维护使用手册，供人阅读。

计算机软件的作用有3个：①提供计算机用户和硬件间的接口界面；②在计算机系统中起指挥管理作用；③是计算机体系结构设计的重要依据。计算机软件分为3类：①系统软件，位于计算机系统中最靠近硬件的一层，与具体的应用领域无关，其他软件一般要通过系统软件才能发挥作用，主要包括操作系统、编译系统、语言处理系统、数据库系统、分布式软件系统、网络软件系统、人机交互软件系统等。②支撑软件，是支持软件开发和维护的各类软件工具和软件开发环境，如需求分析、编码、排错、测试、维护工具，单体型、协同型、分散型、集成型、应用型、并发型等各种开发环境。③应用软件，是各种特定应用领域的专用软件，如企业信息管理系统、地理信息系统、人口统计程序、银行对账程序等。

软件的分类

根据软件的不同作用，我们把软件分为两大类：系统软件和应用软件。系统软件是指管理计算机的操作系统程序、监控程序、诊断程序以及各种计算机程序设计语言。它们专门用来管理和维护计算机系统的硬件资源和软件资源，同时，它又是我们人与计算机之间进行交流的桥梁，也为其他应用程序的运行提供良好的运行平台。微型计算机上常见的操作系统有Windows、OS、UNIX、Linux等；计算机程序设计语言是提供编制程序功能的语言系统，用户可以通过它编制适合自己需要的应用程序，常见的有数据库系统、Basic语言系统、Pascal语言、C语言和可视化编程系统等。应用软件是针对人们在某一方面实际需要而开发的程序。常见的应用软件有：文字处理软件、表格处理软件、图形图像处理软件、教学软件、游戏软件及系统维护软件等。下图概括了软件的分类情况。

DOS

通常称PC-DOS，又称MS-DOS。20世纪80年代初，美国微软（Microsoft）公司为美国IBM公司设计开发的个人计算机（PC）的主操作系统，其主要任务是进行命令处理、文件管理和设备管理。DOS通常存储于磁盘中。

DOS使用命令行界面，运行程度的方法是在命令行中键入程序的名称。DOS系统包含一些公用程序，提供了一些不是以程序方式存在的命令（称为内部命令）。

在20世纪90年代初Windows问世之前的十多年间，DOS是微型计算机领域用得最普遍、最受欢迎的操作系统。

Microsoft Windows

Windows（视窗操作系统）是微软公司推出的一系列操作系统。它问世于1985年，当时是DOS之下的操作环境，其后续版本则逐渐发展成为个人电脑和服务器用户设计的操作系统，并最终获得了世界个人电脑操作系统软件的垄断地位，成为目前世界上用户最多、兼容性最强的操作系统。当前，最新的个人电脑版本Windows是Windows7，最新的服务器版本Windows是Windows Server 2008 R2。

Microsoft Windows是彩色界面的操作系统，支持键鼠功能。默认的平台是由任务栏和桌面图标组

软件	系统软件	操作系统：常见Windows、DOS、OS、UNIX、Linux，一般保存在磁盘上
		诊断程序 监控程序　存储在微机主板的ROM中 高级语言编译和解释系统　常见有Basic、Pascal、C语言及可视化编程系统
	应用软件	有某些特定功能的软件：常见的有文字处理软件、表格数据处理软件、图形图像处理软件、数据库管理系统、辅助教学和游戏软件
		工具软件：杀毒软件、磁盘修复软件、系统优化软件

成的。任务栏显示正在运行的程序、"开始"菜单、时间、快速启动栏、输入法以及右下角托盘图标，而桌面图标则是进入各种程序的快捷方式。

UNIX

目前使用广泛、影响较大的一种通用的、多用户交互式分时计算机操作系统。最早于20世纪60年代末期由美国的电话电报公司（AT&T）的贝尔实验室开发成功，以后经不断改进、不断完善，形成了众多的版本：UNIX 4 BSD，UNIX SVR 3，SCO UNIX，UNIX System Ⅲ，UNIX System V，UNIX SVR 4.0、4.2，XENIX等，总计已超过100种。UNIX操作系统已成为高档微型机和大多数小型机的主流操作系统，它的主要部分均用通用性很好的C语言编写，只有极少量内核程序才用与机器有关的汇编语言编写，所以UNIX操作系统功能强大，移植性好，兼容性强，伸缩性和互操作性强。后期的版本更增加了网络功能。它是开放系统的典型代表。

UNIX操作系统的体系结构包括以下4部分：①内核程序，负责调度和管理计算机系统的基本资源（进程管理、存储管理和设备管理等）；②外壳（Shell），提供人机交互的各种命令解释程序；③文件系统，通过树形结构的文件系统来组织和管理各种数据资源；④丰富的公用程序（工具软件），包括编辑用工具、管理用工具、网络用工具、开发用工具、保密和安全用工具等。几乎所有的软件新技术、新产品都是在UNIX操作系统的平台上开发的，学习计算机的人必须熟悉UNIX操作系统。

Linux

Linux是由芬兰科学家托瓦兹1991年编写完成的，它属于自由软件。自由软件也称为开放源码软件，是用户可以免费使用、免费取得源码的一类计算机软件。利用Linux开放源码研制出自己的操作系统，这是许多软件公司都正在做的事情。

由中国科学院软件研究所开发的红旗Linux正是利用Linux公开源码的优点，对它进行了增值开发，包括对其内核的改进，增加设备驱动程序，简化安装、配置过程，开发友好的界面。红旗Linux是中国较大、较成熟的Linux发行版之一。

应用软件

又叫应用程序。在系统软件和支撑软件的支持下为特定应用领域开发的专用软件。它范围广泛，几乎包罗了计算机的所有应用领域，如中文信息处理软件（汉字输入的识别、语音识别和合成、中文信息检索、机器翻译、印刷排版等）、图形图像处理软件（图形变换与生成，图像获取、变换和表示，动画，视频处理及灵境技术等）、计算机辅助技术软件（CAD、CAM、CAI、CIMS等）、多媒体技术软件（多媒体信息压缩和解压、多媒体通信、多媒体著作工具、多媒体数据库等）、工业生产过程控制软件、信息系统软件（办公自动化系统、信息管理系统、地理信息系统、军事指挥信息系统、决策支持系统、电子数据交换等）、计算机仿真软件（连续系统仿真，离散系统仿真，军事演习仿真，汽车、飞机驾驶模拟等）、专家系统、知识工程软件、模式识别软件、自然语言处理软件、智能机器人软件、数据处理软件、数值计算软件等等。

应用软件是应用程序的同义语。严格地说，应用软件的内涵比应用程序大，它不仅包括应用程序，还应该包括相关的说明书一类的文档资料。然而应用程序是应用软件的内核和主体，通常人们习惯把应用程序直呼为应用软件。

图像处理软件

计算机图像处理，是指利用计算机对图像进行一系列加工处理，以便获得人们所需要的效果。

图像处理虽然也可以用光学方法或模拟技术来实现，但目前主要是利用计算机来实现，称为数字图像处理。因此，图像处理一般是指数字图像处理。

比较常见的图像处理软件有Photoshop、Corel Draw、Corel Photo –Paint、Photo Draw、Fireworks等。

Photoshop Photoshop是最为常用的图像处理软件，由Adobe公司推出，它可以运行于PC机和Mac上。在图像处理和电脑绘图领域里一直走在最前头，成为图像处理的佼佼者。自1990年推出以来，以易学易用、功能强大的优点一直深受广大用户的青睐。

Corel Draw Corel Draw是一个非常实用、方便的绘图软件，它的功能更偏重于图像的制作而不是后期加工处理。软件界面直观，容易掌握，并且提供了非常丰富的素材。该软件能够对文字做自由编辑、排版，并可方便地做出立体效果。

Corel Photo–Paint Corel Photo–Paint功能强大，类似于Photoshop，且界面直观，更容易掌握。如果和Corel Draw结合起来使用，则可做出效果更加丰富的图片。

Fireworks Fireworks的来头实在不小，它使Web作图发生了革命性的变化，因为Fireworks是第一个彻底为Web制作者们设计的软件。作为一个图像处理软件，Fireworks不仅能够自由地导入各种图像，包括ASCII的text文本文件，而且可以辨认矢量文件中的绝大部分标记以及Photoshop文件的层等。Fireworks本身的强大功能为网页设计者带来了前所未有的方便，真正可以称得上是全自动一体化。

表格处理软件

在我们的日常生活和工作中，经常会遇到各种表格及其计算问题。比如，学生成绩统计表、水电费统计表、工资统计表、家庭日常开支表、物价表、财会统计报表等等。

	A	B	C	D	E	F
1		学 生 成 绩 统 计 表				
2		数学	物理	化学	总分	平均分
3	马 路	92	88	95	275	91.67
4	李 威	85	90	76	251	83.67
5	吴 非	95	97	89	281	93.67
6	安 然	74	81	65	220	73.33
7	刘 利	82	63	75	220	73.33
8	总 分	428	419	400	1247	415.67
9	平均分	85.6	83.8	80	249.4	83.13

Sheet1 Sheet2 Sheet3

我们把这些工作称作表格处理。分析这些工作，无非是将各种不同的原始数据填入到各式各样的二维表格中，并对这些数据进行各种运算，比如求和、求平均数、求最大值、求最小值、开平方、计算利率、绘制图表等。

过去，这些工作都需要人用手工来完成，所用的工具是纸、笔、橡皮、尺子和算盘，制作和处理一张表格往往需要花费很多的时间和精力。

在计算机得到广泛应用的今天，为了实现表格数据处理的自动化，产生了许多电子表格软件，例如Excel、Lotus1-2-3等。

Excel软件的画面

Excel是微软公司推出的一个功能强大的电子表格管理分析软件，它集成了数据采集、数据编辑、数据图表化、数据管理和数据分析处理等功能软件工具包，它可以创建和修改工作表、三维图表。用户可用它完成一系列商业、科学和工程任务，财务部门可以利用它来分析形形色色的数据，获得各种形式的图形报表，完成各种财务报表的制作；管理部门可以利用Excel管理和分析处理复杂繁重的数据，并可利用Excel中的模拟分析功能完成各种项目的投资决策。

动画制作软件

动画制作在计算机技术中是很重要的一部分，而动画制作软件也多种多样，各有特色。

Rhino是通过NURBS造型技术来完成建模的。它支持多种格式文件，在三维模型完成后可以导入任何三维软件中去应用。Rhino善于

工业模型的建立，很多手提电话、汽车、生活日用品的最终产品模型都是Rhino完成的。

3D Studio MAX是影视和广告制作的强有力的工具。3D Studio MAX是运行于Windows平台上的一个完全的、多线程的、可充分发挥多处理器的功能和任意网络渲染能力的一个强大的软件。它支持OpenGL和Direct 3D，确保三维硬件图形加速卡充分发挥其性能。同时3D Studio MAX具有面向对象的结构，它可以使用许多新的令人吃惊的功能和插入模块应用程序，并能无缝链接。

Maya开创了角色人物和视觉效果新世纪。它采用先进的体系结构，创造出无可比拟的速度、丰硕的造型结果以及丰富的动画和视觉效果。在Maya中，建模与设置顺滑的模型动画同等便捷，用户可以把多种内嵌行为或高级控制加入到每一次的数字创作中，动画师可以把微妙的表情赋予数字角色，其简易程度恰如在指导一批真正的演员。

Softimage 3D是运行于SGI工作站和Windows平台上的高端三维动画创作系统。在电脑动画的十多年历史中，Softimage 3D一直都是那些处于主导地位的影视数字工作室用于制作电影特技、电视系列片、广告和视频游戏的主要工具。它参与了拍摄了《失落的世界》《泰坦尼克号》《第五元素》等著名影片。

幻灯制作软件

同学们看过幻灯片吗？一张小小的幻灯片，通过幻灯机反射到墙上，可好看了。不过，从前的幻灯片都是由专家制作的。一般人无法问津。

现在，电脑软件专家把幻灯片的制作方法

搬到电脑里来了，利用一个软件，我们就可以快速制作出具有专业水平的幻灯片。这个软件的名字叫做PowerPoint。

PowerPoint是美国微软公司推出的套装办公软件Office家族中的一员，它以强大的功能，简便、直观的图形化操作界面，赢得了广大用户的青睐。利用PowerPoint软件，我们可以快捷地制作各种具有专业水准的演示文稿、彩色幻灯片及投影胶片，将所要表达的内容以图文并茂、形象生动的形式在计算机或大屏幕投影上动态地展现出来。

辅助设计软件

计算机辅助设计（CAD）是指利用计算机，通过人机交互方式，帮助设计人员完成建立设计模型、分析计算、优化设计模型和绘图输出结果这一系列设计步骤的理论、方法和技术。CAD可提高设计的自动化程度，提高设计质量，减轻设计人员的劳动强度，提高工作效率，缩短设计周期。CAD涉及的技术主要有计算机图形学（包括几何造型方法、几何形体表示、图形显示、图形标准等）、人机交互技术、工程数据库的建立和管理、虚拟现实技术和应用工程领域的分析设计方法。

CAD的应用领域非常广泛，有机械产品设计、电子产品设计、土木建筑设计、美术设计、广告设计、时装设计等等。CAD所特需的计算机设备有支持图形显示的工程工作站、光笔、鼠标、数字化仪和绘图仪。目前市场上流通的CAD软件产品很多，如Auto CAD等。

辅助教学软件

计算机辅助教学（CAI）是利用计算机系统辅助教师进行讲授，帮助学生进行学习的一门技术。CAI综合应用了多媒体信息（文本、声音、图形、图像和视频等）、超文本技术、人工智能技术和知识库技术，通过人机交互为教学创造出一个形象生动、活泼有趣的良好学习环境，因而能更好地提高学生的学习热情和兴趣，缩短学习时间，提高教学质量和学习效果。CAI可以辅助教师讲授教学内容，安排教学进程，进行教学训练；通过计算机模拟化学和物理实验、模仿自然的和人为的现象，给学生以亲切、形象的感受；通过计算机游戏，创造一个轻松的学习环境，寓教于乐；通过人机对话，可以鼓励学生以多种途径运用学过的规则和概念求得问题的解答，也可以及时指出学生概念上的错误。

目前计算机辅助教学正在向3个方向发展：①智能型辅助教学系统，②互联网网上教学系统，③多媒体型教学系统，学生通过视觉、听觉、触觉可以直观感受所学习的知识。

数据库管理系统

数据库管理系统（DBMS）是一个非常复杂的系统软件，是为数据库的建立、使用和维护而配置的。

DBMS的主要功能包括以下4个方面：①数据库定义功能。DBMS一般提供数据定义语言（DDL）定义外模式、模式和内模式。各种模式的翻译程序把DDL书写的各种模式翻译成相

应的内部表示，分别称为目标外模式、目标模式和目标内模式。这些目标模式是对数据库的描述，而不是数据本身，是DBMS存取和管理数据的基本依据。②数据存取功能。DBMS提供数据操纵语言DML实现对数据库数据的基本操作：检索、插入、修改和删除。③数据库运动管理。这是DBMS运行时的核心部分，它包括并发控制、存取控制（安全性检查）、完整性的约束性条件的检查和执行、数据库内部的维护等。所有数据库的操作都在这些控制程序的统一管理下进行，以保证事务的正确运行。④数据库的建立和维护功能。它包括数据库初始数据的载入、转换功能，数据库的转储、恢复功能，数据库的重组织功能和性能监视、分析功能等。这些功能大多是由各个实用程序来完成的。

计算机排版系统

即排版软件，又称为页面布局软件，能按用户制定的文本格式将文字、图形、图像合理安排在页面内的一种软件。文字的排版可以由用户任意选择字体、字号、行距、间隔，可以添加下划线（基线）、花边、底纹和栏线，可以处理化学式、数学式和各种表格，可以自动生成书眉、页码、脚注、词条和目录。好的排版软件还能自动检测英文单词的拼写错误，正确进行英文换行时的拆音节处理，实现各种禁排处理（如标点符号不能排在行首等）。图形、图像的排版可以任意进行缩放，安排在用户指定的页面设置，还可以进行旋转、倾斜等项操作。常见的排版软件有Office、北大方正排版系统、WPS等。

按处理方式的不同，排版软件分为两类：批处理方式的排版软件和交互式排版软件。交互式排版软件由于加强了人机交互对话的功能，能做到用户在制作版面时就能看到显示的结果，而显示的结果又与实际打印输出的结果一致，这就是常说的"所见即所得"。

计算机游戏

以计算机为平台，通过键盘、鼠标、跟踪球、游戏杆作为控制设备对运行的游戏程序进行人机交互的一种现代娱乐活动。计算机游戏综合了多媒体技术、计算机图形技术、动画技术、计算机模拟和仿真技术、人工智能技术、灵境（虚拟现实）技术、人机交互技术等高新技术。编制得好的计算机游戏程序不仅使儿童沉迷其中，也使不少成年人兴趣倍增。计算机游戏程序的编制是一项高智力的软件开发活动，有较好的市场前景。

计算机游戏的类型丰富多彩，主要有：①动作型游戏，培养人们的快速反应能力，如驾车、开飞机、积木、格斗、战场对抗等；②智力型游戏，锻炼人们的智力和分析判断能力，如下棋、打扑克、玩麻将、挖地雷等；③故事情节型游戏，开阔视野，充满幻想和推理，引人入胜，如探险、破案、寻宝等；④其他类型游戏，在娱乐的同时增长知识，受到教育，寓教于乐。

软件保护

计算机软件是软件工程师精心设计完成的，和书籍、唱片、电影一样，是人类智慧的结晶，是高科技的知识产品。每一个软件都是软件工程师们的心血之作。而制作和贩卖盗版软件属于窃取他人劳动，非法获取暴利，是一种侵权行为。为了打击制作和贩卖盗版软件，世界各国都制定了保护计算机软件的相关法律。我国政府于1991年颁布了《计算机知识产权保护条例》，为计算机软件的生产者和消费者的利益提供了法律保护。我们每一个人在使用计算机软件时，应该树立良好的道德观念和法律意识，做到尊重知识，尊重他人劳动，购买正版软件，不随便复制他人的软件作品，不购买盗版软件。

各种各样的计算机语言

计算机语言（computer language）指用于人与计算机之间通信的语言，是人与计算机之间传递信息的媒介。

计算机是不能识别与执行人类的自然语言的，要使计算机执行人们的意志，必须使计算机能识别指令。众所周知，计算机内部存储数据和指令是采用二进制（0和1）方式的。人们在设计某一类型计算机时，同时为它设计了一套"指令系统"，即事先规定好用指定的一个二进制指令代表一种操作。由0和1组成的指令，称为"机器指令"。一种计算机系统的全部指令的集合称为该计算机的"机器语言"。在计算机诞生初期，为了使计算机能按照人们的意志工作，人们必须用机器语言编写好程序。但是机器语言难学、难记、难写，只有少数计算机专业人员才会使用它。

后来，出现了"汇编语言"，用一组易记的符号代表一个机器指令，如用"ADD 1，2"代表一次加法，用"SUB 1，2"代表一次减法。汇编语言中的一条指令一般与一条机器指令相对应。机器语言和汇编语言都是面向具体计算机的语言，每一种类型的计算机都有自己的机器语言和汇编语言，不同机器之间互不相通。由于它们依赖于具体的计算机，被称为低级语言。

20世纪50年代，出现了"高级语言"。它是在各种计算机上都通用的一种计算机语言。高级语言接近人们习惯使用的自然语言和数学语言，使人们易于学习和使用。常用的高级语言有：Basic（适合初学者应用）、Fortran（用于数据计算）、Cobol（用于商业管理）、Pascal（用于教学）、C/C++（用于编写系统软件）、Ada（用于编写大型软件）、LISP（用于人工智能）等。不同的语言有其不同的功能，人们可根据不同领域的需要选用不同的语言。

计算机本身是不能直接识别高级语言的，必须将高级语言的程序翻译成计算机能识别的机器指令，计算机才能执行。在一台计算机上能运行某一种高级语言程序的条件是：必须在此计算机系统上配有此语言的编译系统。

机器语言

又称目标语言。由表示成数码形式的为一台特定的计算机而设计的基本指令系统所构成，它无需经过任何翻译就能被机器执行，是一种最基本、最原始、最低级的程序设计语言。机器语言的每一条指令都指挥计算机执行一个基本的操作，这些操作包括数据处理操作（如算术运算、逻辑运算、字符处理）、控制操作（如判断、转移、中断、改变机器状态等）和传输操作（如输入、输出、数据移动等）。一台计算机的指令系统包含数十至数百条指

令。指令由操作码和地址码构成，均表示成二进制代码的形式，操作码指明要执行的基本操作，地址码指明要实施操作的对象在计算机中的存放位置。机器语言的特点是：它直接与特定的机器相关，程序编制繁琐、费时、易出差错，但程序比较简短，占用内存少，运行速度快，运行效率高。早期的手编程序设计常采用机器语言。

比机器语言稍微进步一点的是汇编语言，它也具有机器语言的一些特点，但易于使用和交流，广泛用于工业过程控制和实时性要求较强的一些场合。

汇编语言

一种低级的源语言，它用一些常用符号及其组合代表由"0"和"1"组成的繁琐冗长的机器指令，以帮助记忆，方便程序的设计和修改。汇编语言的指令就是机器指令的符号化表示，是与机器指令一一对应的。汇编语言程序在运行时，第一条汇编指令都将被汇编程序翻译成相应的机器指令，从而执行相应的操作。汇编伪指令虽然同汇编指令格式相同，但并不需要CPU加以执行，它只是向汇编程序提供用户自定义符号、数据的类型和存放地址等一类信息，指示怎样去进行汇编。

汇编语言程序的基本单位是汇编语句（等同于汇编指令），由标号、操作码、操作数（地址）、注释4部分组成。标号表示语句的排列位置，以便其他语句引用，由程序设计者自定义的字母、数字等符号组成，长度限定在6个字符之内，第一个字符必须是字母，一般以冒号"："结束。操作码是用接近人们习惯语言的字符表示的机器指令。不同型号的计算机对操作码的规定不同，因此在编程前先得熟悉特定的操作对象，可能是内存或寄存器的一个地址，也可能是一个数据，也可能是一个算术表达式或逻辑表达式。注释是对语句加以说明的文字，使得程序更加清楚，以便人们阅读和调试。注释与机器的操作无关，必须用分号"；"开头，因为汇编程序对于"；"以后的内容一概不予理睬。

汇编语言程序与汇编语言是完全不同的两个概念，切勿混淆。

汇编语言程序是占用内存最少、运行速度最高的源程序，而且可以直接控制各种硬件设备。汇编语言是最常用的程序设计语言之一，经常用来编写大型软件系统的核心程序和运行频繁、实时性要求高的程序部分，如个人计算机的操作系统等。汇编语言与机器语言一样同特定的机型相匹配，不同类型计算机的汇编语言程序不能通用。与高级语言相比，汇编语言有不够直观、编程复杂、编程前要先熟悉特定机器的结构和性能、编好的程序不能移植等缺点。

科学家们借鉴其他软件的优点，不断推出许多具有不同特色的汇编语言，如模块汇编语言、宏汇编语言、条件汇编语言等。

高级语言

微型机上最常见的高级语言有Basic语言、Pascal语言和C语言以及相应的可视化程序设计语言。其中Basic语言指令简单易学，是学习计算机编程的初学语言；Pascal语言是结构化程序设计的语言，数据类型较为丰富，递归能力强；C语言具有极为丰富的数据类型，程序设计接近人类自然语言（英语）习惯，具有很强的图形处理能力，成为人们一时追逐的编程语言。

在Windows风行的计算机系统中，高级语言也迈出了可视化程序设计的一步，Visual Basic程序设计语言和Visual C程序设计语言不仅保留了原有的命令，还具有所见即所得的用户界面设计能力和多媒体开发功能，同时也是事件驱动的结构化程序设计语言。其他使用较多的高级语言有用于数据库编程的Visual Foxpro 可视化程序设计语言，用于网络程序设计的高级语言JAVA，用于网页设计的超文本语言HTML等。

PASCAL语言

瑞士苏黎世工业大学的沃斯教授于1971年提出来的，用历史上著名的法国数学家B.Pascal的名字命名的高级语言。

Pascal语言是以Algol 60语言为基础，按照结构化程序设计的原则设计出来的一种描述算法的语言。它是世界上第一个结构化程序设计语言，特别适合于教学，适合于培养学生掌握自顶向下逐步求精的结构化程序设计思想和方法，并养成良好的程序设计风格和习惯。因此，国内外许多大学都将Pascal作为第一门程序设计教学语言。它功能强，应用广，提供了丰富的数据类型和语句，广泛用于编写各种系统软件和应用软件。Pascal语言标准化程度高，不依赖于具体的机器，用Pascal语言写的源程序可以在各种具有Pascal编译系统的机器上运行，且编译和运行效率都较高。

BASIC语言

Basic语言最初是为了便于计算机语言的教

学而设计的，由于它所具有的小巧灵活、简单易学、具有人机对话功能、具有一定的数据处理能力、便于程序的修改与调试、使用方便等特点，其应用范围早已大大超出了教学范围，成为微型计算机中最常用的一种高级程序设计语言。

曾经有人断言，随着计算机技术的发展进步，Basic语言将会被更先进的高级语言所取代。与这些预言相反，Basic语言非但没有被淘汰，反而更加兴旺了。几百种完整的新版本，可用于几乎所有的通用计算机。

常见的Basic语言版本有：Applesoft Basic、GW Basic、True Basic、Quick Basic、Turbo Basic等。

早期版本的Basic语言大都是在基本Basic语言（17条语句）的基础上针对不同的机型扩展了一些特殊功能，如字符串处理、绘图、音响等。

在新版本的Basic语言中，增加了数据类型，丰富了语句和函数，语言体系更加结构化，并具有全屏幕编辑功能（编辑器、多窗口）、编译功能、过程调用功能等。

近年来，微软公司又推出了VB，具有更强大的功能。

LOGO语言

要想用计算机画画，除了用一些现成的绘图软件之外，还可以使用Logo语言。Logo语言是一种简单易学、形象直观的计算机语言，在Logo语言里面有一只非常可爱的小动物，它的名字叫小海龟。小海龟的本领高强，它会画画，会唱歌，还会演算数学题。这就是小海龟在计算机屏幕上画的各种图画，是不是很

漂亮？

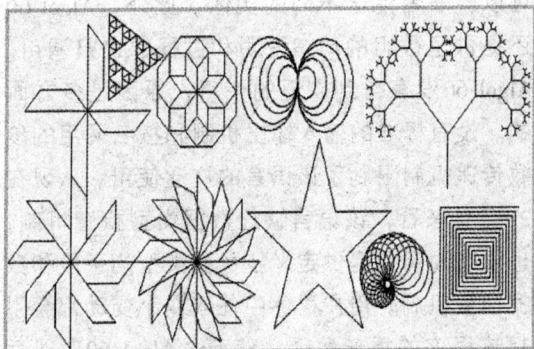

小海龟画的画

这里以PC Logo for Windows为例，简单介绍一下Logo语言程序的使用。

（1）在老师的指导下，在你的电脑里安装好Logo语言系统；

（2）在Windows桌面上单击"开始"按钮；

（3）选择"程序"→"PC Logo"→"PC Logo"。

Logo语言就会启动成功。

如果要想关闭Logo语言，和其他的Windows应用软件一样，单击Logo语言窗口右上角的关闭按钮，就可以关闭Logo语言了。如果窗口里还有没有保存的图画或文件，电脑会提醒你保存文件的。

C语言

广泛流行的程序设计语言，属于高级语言，也有人称它为中级语言。C语言的最初设计和实现是由Dennis Ritchie在DECPDP-Ⅱ上的UNIX系统环境下完成的。C语言的前身是BCPL语言。BCPL语言是由Martin Richards设计的，经Ken Thornpson简化为B语言。1972年—1973年，美国AT&T贝尔实验室的Dennis Ritchie在

继承B语言优点，克服B语言缺点的基础上设计开发出了C语言，并在1973年和Ken Thornpson合作用C语言将UNIX操作系统重写了一遍。C语言是一种结构化语言，同时具有高级语言和低级语言的各种优点，语言简洁、精练、紧凑，表达能力强，编程灵活，生成的目标代码效率高，可移植性强。C语言自从问世以来，已由最初的作为操作系统的描述语言迅速发展成为用途广泛的通用程序设计语言。它不仅可用来编写系统软件，也适用于编写应用软件。C语言由于灵活性和编程限制少，已成为广大程序员尤其是优秀程序员最广为使用的编程语言。多年来，C语言的标准版一直是UNIX操作系统支持的版本。随着计算机的发展及普及，出现了各种C语言版本，各版本之间存在着差异。为克服C语言各版本间的不兼容性，美国国家标准化协会（ANSI）根据各版本对C语言的发展与扩充制定出C语言新的标准，称为ANSI C语言。现在ANSI C语言标准已被各种C语言编译系统所采用。目前微机上常用的C语言编译系统主要有MS-C，Quick-C，Turbo-C等。

VB语言

VB是美国微软（Microsoft）公司于1991年开发的运行于Windows环境下的Basic语言程序设计版本，更多地使用了图符操作来代替文字命令。它包括学习版、专业版和企业版3个不同的版本，功能一个比一个强大。

VB的主要特点是：①提供对象（或叫目标）的链接和嵌入功能，可以很方便地把其他已开发成功的文档拖放到VB开发的应用程序窗口中；②提供事件驱动功能，支持动态数据交

换；③在VB中，每一个应用程序都由一系列模块和格式组成，每种格式都是可视元素（如窗口、对话框及产生这些功能的代码），每个模块都是能被格式或其他模块调用的代码库，VB编程只需使用工具箱中的工具指定或增加所需的Windows元素即可；④提供了完整的Internet开发工具，VB开发的应用程序支持HTTP或FTP协议，可以很方便地在Internet和Internet浏览器窗口中运行。Visual Basic已成为编写Windows程序最简捷的编程开发工具，已为世界上绝大多数程序员所采用。

DELPHI语言

由Borland公司推出的Delphi是全新的可视化编程环境，为我们提供了一种方便、快捷的Windows应用程序开发工具。它的前身是DOS时代盛行一时的Borland Turbo Pascal。它使用了Microsoft Windows图形用户界面的许多先进特性和设计思想，采用了弹性可重复利用的完整的面向对象程序语言（Object-Oriented Language），是效率较高的编译器。

ALGOL语言

又称为算法语言。Algol语言（多指1960年出现的Algol 60）是一种面向问题，用于科学计算的高级语言。它有严格的文法规则，用巴科斯范式（BNF）来描述语言的文法。Algol 60首先引入分程序的概念，事实上，用Algol 60书写的整个程序就是一个分程序。分程序可以嵌套。在分程序A说明的名字在分程序A中有效，除非该名字又出现在分程序A的嵌套分程

序B的说明中。同一个名字在不同的分程序中可以代表着完全不同的实体。此外，Algol 60还提供了数组的动态说明和过程的递归调用。Algol 60没有得到广泛的使用，原因是多方面的。没有标准的输入输出机制和按名调用的参数传递机制限制了该语言的广泛使用。从现在的标准来看，该语言缺乏数据类型检查机制，也没有向用户提供定义新数据类型的手段和数据抽象机制。用户程序中任何微小变动都会引起该程序的重新翻译。然而，Algol 60对以后程序设计语言的发展有着重大影响，如现在流行的C语言可以说是由Algol语言发展演变而来的。许多新的语言常常被人们称为类Algol语言，这些语言继承和发展了Algol 60的许多特点。

FORTRAN语言

Fortran是Formula Translator的缩写，即"公式翻译"的意思，它是第一个世界通用的计算机高级语言。Fortran语言具有丰富的标准程序库，适用于科学计算。Fortran语言程序设计的计算部分很像普通的数学式子，例如：

Fortran语句	数学式子
X=3.0	$X=3$
Z=X+Y	$Z=X+Y$
T=（A+B）/(C+D)	$T=\dfrac{A+B}{C+D}$
W=2.0*SIN(X)	$W=2\sin X$

Fortran语言的设计实现和成功运用对于计算机的普及和发展起了很大的推动作用。经过几十年的发展，它的功能扩展了许多，从最初只能进行数字处理发展到如今的各种图形、文

字处理，从而广泛运用于地质勘探、大型仿真、遥测数据处理等领域。可以说，如今90%的计算工程领域的软件都是用Fortran语言编写的。

JAVA语言

JAVA语言是一种使用于因特网的编程语言。

众所周知，编程语言是人类表达处理信息的工具，是人和电脑通信的媒介。网络的发展需要一种通用的可以在网络上任何一种机器上都能使用的编程语言。JAVA语言的产生正好适应了这种需求。JAVA语言通过一种称为JAVA虚拟机的设计，使连接于因特网上的多种多样形形色色的机器都能识别运行。JAVA语言编写的程序，真正实现了"一次编程，到处运行"，解决了困扰网络发展的机器不兼容问题。因此JAVA语言也被称为网络上的"世界语"。

COBOL语言

Cobol的中文全称是"面向事务处理的通用语言"，是一种可以运行在任何计算机上而且适合于事务处理的程序设计语言（属于高级语言）。这种语言于1959年年底在美国国防部诞生，最初美国国防部的目的是要开发一种可供所有军事部门进行大量数据处理的通用语言，于是便成立了一个叫做数据系统语言协会的组织，并且联合了许多计算机制造商来设计这种语言。

Cobol的程序主要由3部分组成：标题部

（程序的名称）、环境部（所用的机器和设备）、数据和处理步骤部（问题的处理过程）。如果要将程序移植到另外一台机器上，只需改动环境部即可。这充分体现了Cobol通用性好的主要特点。由于政府和工业界的合作，Cobol被人们广泛接受。利用Cobol可以十分方便地编写有关人事管理、工资发放、商品销售等应用程序。在日本，绝大多数的商务应用程序都是由Cobol编写而成的。Cobol发展到今天，已有各种标准，如美国标准、日本标准等，还有一种世界通用标准。Cobol是世界上用得最多的程序设计语言之一。

LISP语言

LISP是表处理器（list processor）的缩写，即它是一种以字符串进行插入、删除等操作的语言，是应用于人工智能的主要的程序设计语言（这一过程称为表处理）。LISP语言主要运用于大学和研究所中，在人工智能研究及自然语言研究、数学公式处理等领域中有广泛的运用。LISP也是一种函数型语言，LISP中有大量的函数供用户使用；而且LISP语言也是为数不多的递归型语言之一，这种结构在解决一些特殊的问题时非常方便。正是由于LISP语言的这些个性化特点，它对机器硬件的要求很高，一般的机器运行LISP语言相当慢，于是便出现了专门的LISP程序计算机。

HTML语言

超文本标注语言，又称为超文本标记语言。一种用于编写因特网（www）上网页的书写语言，用于描述网页的内容和结构。HTML实际上是标准通用标记语言的一个子集。HTML实际上不是一个编程语言，它只是在一般的文档中加入一些标记符号，以达到格式控制和产生一些特殊的显示效果的目的，这些标记符号（"<"和">"）全部是成对出现的，生成的是超文本文件。

　　HTML文档主要由3部分组成：①序（prologue），作用是告诉浏览器所编写的HTML文档所遵循的HTML版本；②头（head），用来定义整个文档的属性，包括文档的绝对地址、索引标记、文档的链接关系以及文档的一些特殊信息；③主体（body），是在浏览器中看到的网页的内容，包括文件的标题、字体、字号和表格等格式，还可以加入图像、音频、视频等多媒体资料，还能加入一些超文本链接，指定不同亮度及特殊色彩显示，指定跳转到相同或不同文档的其他部分。我们在网上看到的各种精美的网页就是用HTML制作出来的。

C++语言

　　一种面向对象的编程语言，是C语言的扩展和增强版本。C++语言既保留了C语言的有效性、灵活性、便于移植等全部精华和特点，又借用了Simula 67语言的面向对象特性，将面向对象编程（又称为OOP）等内容扩充到C语言中，形成了自己的独特风格。C++语言是C语言的灵活有效性和Simula 67的面向对象编程的综合，故而具有强大的编程功能，编写出的程序具有构造清晰、易扩充维护、不失有效性等优良特性。C++适合于各种系统、应用软件程序设计，尤其适宜编写复杂的大型软件。

解释和编译

　　解释程序又叫解释器，是将高级语言写出的源程序按语句的动态执行顺序逐条翻译解释成机器代码并立即执行的一种软件工具。编译程序是把用高级语言编写的程序翻译成用机器语言（指令代码）构成的目标程序的一种工具软件。

　　解释程序与编译程序的区别在于，编译程序把源程序一次性地全部翻译成目标程序，连接定位后方能执行；而解释程序则是将源程序的语句逐个翻译并执行，即边解释边执行，翻译并执行一个语句后再翻译与执行下一个语句。因而编译程序可一次性地将源程序全部扫描一遍，输出该遍扫描中发现的全部语法错误；而解释程序只能逐句地发现语句中的语法错误。使用解释程序进行翻译的高级语言有Basic，LISP，Logo等。

结构化程序设计

　　将总任务分成若干个模块，采用从上至下、先简后繁、逐步细化、逐步求精、最后实现总体目标的一种程序设计方法。由于总任务分成若干个模块，模块相对独立，可以由多人分头完成，只要明确模块的输入、输出条件即可，每个程序设计者不必了解其他模块的内部构造，只需全力实现本模块的设计。由于是逐步细化，模块之内可以再分为更小的模块，内层可以比外层更具体，最内层的模块就是可执行的具体程序，只实现一个简单的功能，因此编写、阅读、修改和调试都比较容易。最后，对结构化程序设计而言，程序的构造也比较简单，只有顺序结构、选择结构和重复结构3种，每种构造均只有一个入口和一个出口，这样程序的结构良好，易于阅读、理解和维护，容易保证程序的正确性，也易于验证程序的正确性。

结构化程序设计方法已经成为程序设计领域的重要方法，结构化程序设计语言如C、C++、Ada、Pascal、FoxBase等已成为人们最广泛使用的程序设计语言。

六、计算机科学基础

计算机的工作原理

计算机的工作原理如下图所示。从图中我们可以看出，计算机工作时，先在控制器控制指令的控制下通过输入设备将程序传送到内存储器中，即程序存储；然后控制器从内存储器中顺序取出指令进行编译，控制器根据各个指令的要求依次发出相应的控制指令，使存储器和运算器完成对数据的处理并将结果送入内存储器，进而由输出设备显示或者打印。

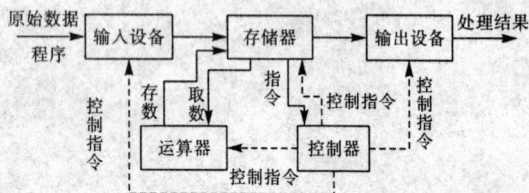

计算机的基本工作原理示意图

计算机冯·诺依曼体系结构

50多年来，尽管计算机的制造技术发生了突飞猛进的变化，但都是基于美籍匈牙利科学家冯·诺依曼于1946年提出的"程序存储"的概念设计制造的。这样的计算机称为冯·诺依曼结构计算机。冯·诺依曼结构的设计思想可以简要地概括为以下三点：

由运算器、存储器、控制器、输入设备和输出设备五大基本部件组成计算机系统，并定了这五部分的基本功能；

计算机内部应采用二进制表示数据和指令；

将程序事先存入主存储器中，计算机在工作时能够在不需要操作人员干预的情况下，自动逐条取出指令并加以执行。

冯·诺依曼对计算机发展的最大贡献，就是他提出的"程序存储"设计思想。冯·诺依曼结构，实际上就是对"程序存储"概念的具体化。

二进制

要想知道什么是二进制，就先要了解什么是数制。简言之，用一组固定的数字和一套统一的规则来表示数目的方法就称为数制（number system）。数制的种类很多，计算机中常见的数制有二进制（binary）、十进制（decimal）、八进制（octal）和十六进制（hexadecimal）。

二进制的基数为2，它只有两个数字可用，即0和1。二进制的特点是逢二进一，借一为二，

例如：$(1010)_2=1×2^3+0×2^2+1×2^1+0×2^0=(10)_{10}$，此即将二进制数转化为十进制数的方法。

二进制有以下优越性：

1.可行性

采用二进制，只需表示0、1两个状态，在物理上很容易实现。

2.简易性

二进制数的运算法则比较简单，这就使计算机的运算器结构简化。

3.逻辑性

由于二进制数的0与1正好与逻辑代数的假（false）和真（true）相对应，所以用二进制数来表达二值逻辑是很自然的。

4.可靠性

二进制只有0和1两个数，传输和处理时不容易出错，所以能使计算机的可靠性得到有力的保证。

十进制数转化为二进制数时，整数部分采取"除二取余"法，即将十进制数除以二，所得余数记于一边，所得之商再除以二，依次进行，直到商为1为止，然后将所得余数按从最后一个到第一个的顺序写下，即为该十进制数的二进制数。小数部分采取类似的"乘二取整"法。

比特和拜特

bit（binary digit）位

位是计算机数据的最小单元。位的值只会是0或1。虽然计算机也提供对位的判断和操作，但是计算机指令一般以字节为单位。在大多数的计算机系统中，八位是一个字节。一位的值通常以存储电容是否带电来衡量。

半个字节在英语中叫nibble。在一些系统中，octet代表8位，而不用字节；而在另一些系统中，octets组成32位字，在这些系统中，指令长度以全字（32位）或半字（16位）表示。

byte字节

在多数的计算机系统中，一个字节是一个八位长的数据单位，大多数的计算机用一个字节表示一个字符、数字或其他字符。一个字节也可以表示一系列二进制位。在一些计算机系统中，四个字节代表一个字，这是计算机在执行指令时能够有效处理数据的单位。一些处理器能够处理双字节或单字节指令。

字节通常简写为"B，而位通常简写为小写"b，计算机存储器的大小通常用字节来表示。28.8 kbps的调制解调器指它能够每秒处理28.8千位的信息。

布尔代数

又名逻辑代数、开关代数。英国数学家乔治·布尔于1854年提出的一种代数运算。它建立在逻辑命题非真即假的基础之上，是现代数字计算机组织和运行的逻辑基础。其主要特点是：①布尔代数的所有操作数（变量或常数或表达式）取值只有1（真或T或True）和0（假或F或False）两个，均为逻辑值；②布尔量的运算非常简单，单目运算符为"非"运算（ㄱ或–或NOT），双目运算符为"与"运算（·或∧或AND）、"或"运算（+或∨或OR）、"异或"运算（⊕或NOR）。

布尔运算中同时还有：①交换律，$A·B=B·A$，$A+B=B+A$；②结合律，$(A+B)+C=A+(B+C)$，$(A·B)·C=A·(B·C)$；③分配律，$A+(B·C)=(A+B)·(A+C)$，$A·(B+C)=A·B+A·C$；④零律，$A+0=A$，$A·1=A$；⑤$A+\bar{A}=1$，$A·\bar{A}=0$。

布尔代数可用于进行组合逻辑状态分析和时序逻辑的状态迁移的描述，是逻辑电路（开关电路）的设计基础。

ASCII码

ASCII码是"美国标准信息交换代码"的英文简写。该编码原来是美国的国家标准，后来被国际标准化组织所采用。我国1980年颁布的《信息处理交换用七位编码字符集》也基本上采用了ASCII码的编码方法，仅做了个别修改。

ASCII码是一个7位码，即每个字符用7个二进制位来表示，称为7比特（bit）。该编码共有128种不同的编码。在ASCII码表中，共包含33种控制码，它们用于打印或显示时的格式控制，对外部设备的操作控制，作为信息分隔以及通信时进行传输控制等；95种可打印的字符，其中有52个大小写英文字母，10个数字符号和33个标准符号、运算符号和其他符号。

ASCII码如下表所示。

ASCII编码表

$d_3d_2d_1d_0$位 \ $d_6d_5d_4$位	000 (0)	001 (1)	010 (2)	011 (3)	100 (4)	101 (5)	110 (6)	111 (7)
0000 (0)	NUL	DLE	空格	0	@	P	、	p
0001 (1)	SOH	DC1	!	1	A	Q	a	q
0010 (2)	STX	DC2	"	2	B	R	b	r
0011 (3)	ETX	DC3	#	3	C	S	c	s
0100 (4)	EOT	DC4	$	4	D	T	d	t
0101 (5)	ENQ	NAK	%	5	E	U	e	u
0110 (6)	ACK	SYN	&	6	F	V	f	v
0111 (7)	BEL	ETB	'	7	G	W	g	w
1000 (8)	BS	CAN	(	8	H	X	h	x
1001 (9)	HT	EM	)	9	I	Y	i	y
1010 (A)	LF	SUB	*	:	J	Z	j	z
1011 (B)	VT	ESC	+	;	K	[	k	{
1100 (C)	FF	FS	'	<	L	\	l	|
1101 (D)	CR	GS	-	=	M	]	m	}
1110 (E)	SO	RS	.	>	N	^	n	~
1111 (F)	SI	US	/	?	O	_	o	DEL

计算机的体系结构

自计算机系统问世以来，出现过多种不同体系结构的计算机：微程序控制结构、复杂指令集计算机（Cisc）、精简指令集计算机（Risc）、单流水线计算机(单发射结构计算机)、多流水线计算机（多发射结构计算机）、带协处理器（数字协处理器和图形协处理器）的计

算机、并行处理计算机和多处理器计算机、向量计算机和标量计算机等等。根据不同的任务需求来选择合理的计算机体系结构，可显著提高计算机系统的性能。

队　列

又称为排队。它是一种相同类型数据项顺序构造的数据结构，添加时数据项总是加在该区域的末尾，取走的数据项总是位于该区域的头部，即符合先进先出的原则。队列的存取分别在该区域的两端进行，头部只进行取数，尾部只进行存数，区域的中部是不允许进行存取访问的（也不可能进行存取访问）。队列广泛用于等待执行的作业的排队、信息传输系统中等待转发的消息的排队。

队列中的各个元素（又称数据项）在内存中连续存放，设置有一个队列头指针和一个队列尾指针。头指针存放着队列中当前最先一个被写入的数据项的地址，也就是下一个最先将被读出的数据项的地址；尾指针存放着队列中当前最后一个被写入的数据项的地址。如图所示：

从头部读出

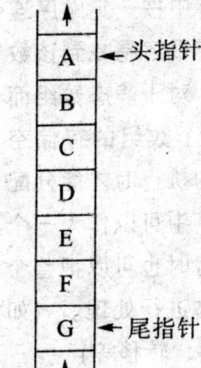

从尾部存入

头指针和尾指针重合时，队列为空，表示队列所规定的区域未存入任何数据项。反之，若队列所规定的存储区域都已写入了相应的数据项，则称队列满，队列满时只能进行读出操作，若企图继续写入数据则会报告出错。队列的存储区域若是首尾相接连成环形，就构成环形队列。

堆　栈

又称为栈。"后进先出"结构的存储器。堆栈是一种线性表，只能从表的一端进行插入或删除运算。堆栈很像仓库中的堆码货物，一层一层往上码高，最先堆码的货物在堆栈的最底层（栈底），最后堆码的货物在堆栈的最顶层（栈顶），取出货物或放入货物时均只能在栈顶操作，不能从中间抽出或插入。堆栈通常在内存RAM中指定一段连续的存储空间来实现，以该区间的最大地址作为栈底，新写入堆栈的数据必须按地址减小的方向依次排列，以最后写入的数据所占据的内存地址作栈顶。栈顶地址称为堆栈指针。向存储器写入或读出数据时，堆栈指针应进行修改（写入前先减1，读出后加1），堆栈指针永远指向下一个要读出的（或最后一个写入的）数据的内存地址。

从堆栈中读出数据叫弹出（pop），向堆栈中写入数据叫压入（push）。当堆栈中最后一个数据读出后，堆栈指针指向栈底，堆栈为空。堆栈指针通常存放在CPU内专用的堆栈寄存器内，它通常就是一个内存地址寄存器。堆栈主要用于子程序调用、中断服务等场合保存返回地址和参数。

树

用来描述具有树形结构的索引方式、数据结构、图形、路由、算法或电路构造的一个术语。

树形结构的特点是：最高层的节点只有一

个，称为根节点（又称为父节点），根节点以下可以有多个子节点（称为第二层），用边连接。每个子节点以下又可含有多个下一层次的子节点，同一层次的子节点又称为兄弟节点。没有子节点的节点称为叶节点。从叶节点到根节点只有唯一的通路，树中所有的节点都是根节点的后代，每一个节点都只有唯一一个上一层次的父节点。每一个节点所拥有的下一层次的子节点的数目称为该节点的度，度为零的节点就是叶节点（又称为终端节点），度不为零的节点称为非终端节点或分支节点。一个树拥有的最大层数称为树的深度（又叫树的高度）。如图所示：子节点1为叶节点3、子节点4、子节点5的父节点，叶节点3、子节点4、子节点5为兄弟节点。子节点1的度为3。本树的最大深度为4。

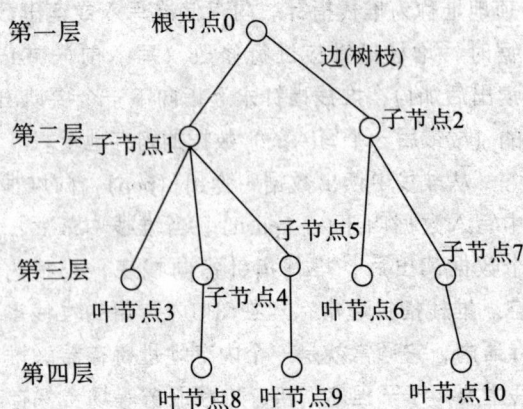

图

比线性结构和树性结构更复杂的一种数据结构。在线性结构中，每个元素（节点）至多只有一个直接前驱和一个直接后继；树形结构中一个节点可以有多个直接后继但至多只能有一个直接前驱；而在图结构中，节点间的联系是任意的，每个节点的直接前驱和直接后继的个数不受限制。可以把树看做是一种特殊的图。

在图形结构中，节点间的关系可以是任意的，图中任意两个数据元素之间都可能相关。由此，图的应用极广泛，特别是近年来迅速发展，已渗入到语言学、逻辑学、物理、化学、电信工程、计算机科学以及数学的其他分支等领域中。

数 组

在高级语言程序中，把一组需要成批处理，同时具有相同属性的数据用相同的名字、不同的下标表示，这种结构类型的数据叫做数组。数组中的数据分量称为数组元素。

在高级程序设计语言中，向量、矩阵、行列式等数据结构都描述为数组。数组在程序中应预先说明，指出数组的名称、维数（即下标的个数，有一维、二维、三维或更多维）及每个下标的取值范围（即确定数组元素的总数目，通常为整数）。下标的取值范围为常数时称为静态数组，下标的取值范围为变量或表达式时则称为动态数组（或可调数组）。数组元素（又称为下标变量）在内存中按一定顺序连续存放，只要给出下标，程序很容易找到该数组元素在内存中的存放位置。对于静态数组而言，可在编译时就分配好整个数组的存储空间；对于动态数组而言，要到执行时才能分配其存储空间。数组元素在程序中可以作为一个独立的元素单独进行处理，有时也可以把整个数组的全部数据当做一个整体进行处理。（如数组的算术运算、比较、排序、转移等）

七、有趣的程序设计和经典算法

八皇后问题

八皇后问题是一个非常有趣的独弈问题，是由德国大数学家高斯于1850年首先提出来的，要求在国际象棋的棋盘上放置8个皇后，使她们不能互相攻击，即任何两个皇后不能处在同一行、同一列、同一条斜线上。那么有多少种不同的摆法？并找出所有的摆法。

高斯虽然提出了这个问题，但他并没有完全解决这一问题，在他的有生之年里，他只找到了其中一部分解答。由于这个问题的求解需要大量的试验和计算，因此，用手工求解是难以胜任的。下图即为满足上述条件的一组布局。请设计一个程序，由计算机自动寻找并打印出所有满足条件的摆法。

八皇后问题的一组解

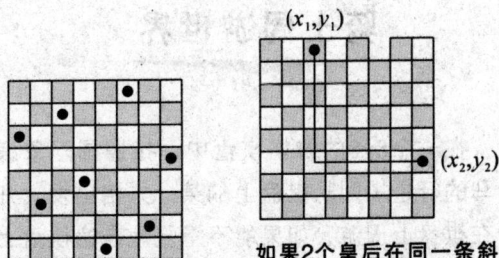

如果2个皇后在同一条斜线上，必有$|x_1-x_2|=|y_1-y_2|$

【问题分析】

(1) 满足上述条件的8个皇后，必然是每行一个、每列一个。

(2) 棋盘上任意一行、任意一列、任意一条斜线上都不能有两个皇后。

如果我们把8×8的棋盘看成是一个平面直角坐标系，则八皇后问题就可以用数学语言来描述了。任意2个皇后在平面上的坐标应该同时满足以下3个条件：

①2个皇后不在同一行：2个皇后的纵坐标不相等；

②2个皇后不在同一列：2个皇后的横坐标不相等；

③2个皇后不在同一条斜线上：两个皇后的横坐标之差的绝对值不等于两个皇后的纵坐标之差的绝对值。

【算法设计】

我们首先考虑用回溯法来解决八皇后问题。

(1) 在棋盘的第一行、第一列放置一个皇后。

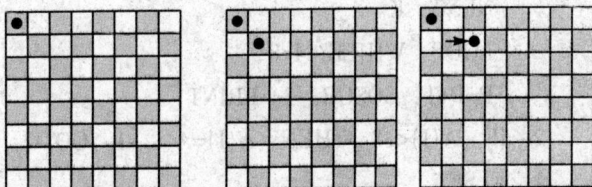

在第一行、第一列放下一个皇后

每放一个皇后就判断一下是否满足条件，如果不满足条件，就往右边移一格后再判断

（2）从第二行第一列开始，每放置一个皇后就判断一下是否满足上述3个条件。

如果满足条件，则从下一行的第一列开始继续放置皇后；如果不满足条件，则将刚刚放置好的皇后向右移动一列后再判断是否满足条件。

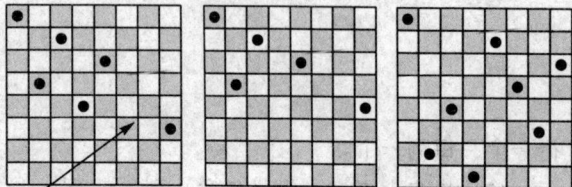

打印一组布局

看！这个皇后摆到第八列后仍不满足条件。怎么办？回溯！

（3）如果第1个皇后摆到第八列后仍然不能满足条件，说明可能是上一行的皇后的位置不合适，则退回到上一行（回溯），将上一行的皇后向右移动一列后再判断。

（4）当已经摆够8个皇后时，即可将这一布局打印出来。

（5）继续搜索下一组布局。

【程序清单】

```
REM——八皇后问题解法——
DIM  A(8)，B(8, 8)：P=0：I=1：A(I) =1
DO
I=I+1：A(I) =1
1：FOR  K=I-1  TO  1  STEP  -1
    IF  A(I) =A(K) OR  ABS(A(I) -A (K))
=ABS(I-K) THEN  GOTO 2
    NEXT  K
LOOP  WHILE  I<8
P=P+1：GOSUB  3：PRINT
2：IF  A(I)<>8  THEN  A(I)=A(I)+1：GOTO
1 ELSE
    I=I-1：IF  I<>0  THEN  GOTO  2
PRINT  " P=";  P：END
```

```
3：REM——打印子程序——
FOR  L=1  TO  8
    B(L, A (L)) =1
NEXT  L
FOR  M=1  TO  8
    FOR  N=1  TO  8
        IF  B(M, N) =0 THEN PRINT TAB
(2 * N);" O"; ELSE PRINT TAB (2 * N);
" *";
    NEXT  N
IF  M<>4  THEN  GOTO  4
PRINT  TAB(18);"  ("; P;")";
FOR  Z=1  TO  8
    PRINT  A (Z);"   ";
NEXT  Z
4：PRINT
NEXT  M
FOR  M=1  TO  8
    FOR  N=1  TO  8
        B(M, N) =0
    NEXT  N
NEXT  M
RETURN
```

程序运行后，一会儿工夫就给出了92种布局，这就是八皇后问题的全部解答。

骑士周游世界

在一个8×8的方格棋盘中，按照国际象棋中马的行走规则从棋盘上的某一方格出发，开始在棋盘上周游，如果能不重复地走遍棋盘上的每一个方格，这样的一条周游路线在数学上被称为哈密尔顿链。请你设计一个程序，从键盘输入一个起始方格的坐标，由计算机自动寻找并打印出棋盘上的哈密尔顿链。例如，当马从坐标点（5，8）出发时，相应的哈密尔顿链如图所示。

60	11	26	29	54	13	24	21
27	30	61	12	25	22	51	14
10	59	28	55	50	53	20	23
31	64	57	62	43	48	15	52
58	9	32	49	56	19	42	1
33	6	63	44	47	36	39	16
8	45	4	35	18	41	2	37
5	34	7	46	3	38	17	40

骑士周游世界的某一个方案

【问题分析】

（1）棋盘的表示方法

我们可以用一个8×8的二维数组A（I，J）来表示国际象棋的棋盘，在马还没有开始周游棋盘时，棋盘上所有的格都置为零。以后，马跳到哪个格，就将马跳跃的步数记录在相应的空格里。

（2）马的跳跃方向的确定

如图所示，在国际象棋的棋盘上，一匹马共有8个可能的跳跃方向。

马有8个跳跃方向

我们设置一组坐标增量来描述这八个跳跃方向：

① （1，2）　　② （2，1）
③ （2，−1）　　④ （1，−2）
⑤ （−1，−2）　　⑥ （−2，−1）
⑦ （−2，1）　　⑧ （−1，2）

（3）马的跳跃方向的表示

设I表示行，J表示列，行增量为DI（R），列

增量为DJ（R），则马向某个方向试探性地跳跃一步之后的新坐标应该表示为：NI=I+DI（R），NJ=J+DJ（R）。

（4）朝某个方向试探性地跳跃一步

任何一点的坐标加上要试探方向的坐标增量之后，都要判断一下是否已经超出了棋盘的边界。即：当I<0，或I>8，或J<0，或J>8时，都表示已经超出了棋盘的边界，这时，应该放弃该方向，转向试探下一个方向。在不出界的情况下，如果A（NI，NJ）=0，则表示该方向的前方有通路，可以继续向前跳跃。

如果A（NI，NJ）>0，则表示该格已经走过了，不能再走。放弃该方向，并转向下一个方向进行试探。

【程序清单】

```
REM——骑士周游世界——
RANDOMIZE TIMER
SCREEN 12：COLOR 3
DIM A（10，10）：M=0：W=0
FOR I=1 TO 8：READ RX（I），RY（I）：NEXT I
DATA −2，1，−1，2，1，2，2，1，2，
−1，1，−2，−1，−2，−2，−1
FOR I=0 TO 10：FOR J=0 TO 10
  A（I，J）=0
NEXT J：NEXT I
X=INT（RND（1）*8+1）：Y=INT（RND（2）*8+1）
M=M+1：A（X，Y）=M
LOCATE 2*X+5，4*Y−1：PRINT A（X，Y）；
1：FOR I=1 TO 8
  X=X+RX（I）：Y=Y+RY（I）
  IF X<1 OR X>8 OR Y<1 OR Y>8 THEN 2
  IF A（X，Y）>0 THEN 2
  GOSUB 3
  W=W+1：H（W）=T：NX（W）=X：
```

```
NY（W）=Y：A（X，Y）=0
2：X=X-RX（I）：Y=Y-RY（I）
    NEXT I：GOSUB 5
    X=NX（DS）：Y=NY（DS）：M=M+1：A（X，
Y）=M
    LOCATE 2*X+5，4*Y-1：PRINT A（X，Y）；
    IF M<64 THEN W=0：GOTO 1
    END
3：REM—— SUB1——
    P=X：Q=Y：T=0：A（P，Q）=3
    FOR S=1 TO 8
        P=P+RX（S）：Q=Q+RY（S）
        IF P<1 OR P>8 OR Q<1 OR Q>8 THEN 4
        IF A（P，Q）=0 THEN T=T+1
4：P=P-RX（S）：Q=Q-RY（S）
    NEXT S：RETURN
5：DD=999
    FOR I=1 TO W
    IF H（I）<DD THEN DD=H（I）：DS=I
    NEXT I：RETURN
```

【运行结果】

60	11	26	29	54	13	24	21
27	30	61	12	25	22	51	14
10	59	28	55	50	53	20	23
31	64	57	62	43	48	15	52
58	9	32	49	56	19	42	1
33	6	63	44	47	36	39	16
8	45	4	35	18	41	2	37
5	34	7	46	3	38	17	40

移梵塔

传说在印度佛教圣地贝拿勒斯的圣庙里，安放着一块黄铜板，板上插3根宝石针，在其中的一个针座上从下到上放置了逐渐变小的64个金片，这就是所谓的梵塔。每天僧侣们把这些金片在3个针座间移来移去。移动过程中必须遵守下面的规则：每次只能移一片，且不管在哪一根针上，小金片永远在大金片的上面。最终的目标是将所有的金片从A号针座经过B号针座移到C号针座（见下图）。

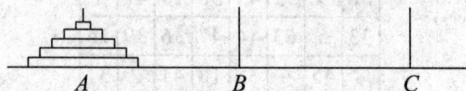

移梵塔问题

【问题分析】

解决移梵塔问题的递归算法如下：

先看移动两个金片的情况：我们将这一过程描述为：MOVE（2，A，B，C）

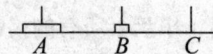

初始状态　　　　将1号金片从A移到B
　　　　　　　　MOVE（1，A，B，C）

将2号金片从A移到C　　将1号金片从B移到C
MOVE（2，A，C，B）　　MOVE（1，B，C，A）

如果是N（N>2）个金片，则把移动过程MOVE（N，A，B，C）联想为上述移动两个金片的过程，将上面的N-1个金片"捆"在一起作为一个金片。移动过程也分为三步：

①MOVE （N-1，A，C，B）

将N-1个金片从A（经C）移至B

②MOVE N：A→C

将N号金片从A移至C

③MOVE （N-1，B，A，C）

将N-1个金片从B（经A）移至C

但是，当N大于2时，只有第2步是直接步骤，其他两步还要进一步分解。通过这一系列的步骤，将移动N个金片的问题转化为移动N-1个金片的问题，再将移动N-1个金片的问题转化为移动N-2个金片的问题……这样每次减少一个金片，直到最后只剩下一个金片为止。这种分解动作，用到了过程自己调用自己，是典型的递归算法。

【程序清单】

```
REM——移梵塔——
INPUT" n="；N
X=1：Y=2：Z=3
GOSUB  1
END
1：IF N=0 THEN  RETURN
N=N-1
GOSUB  2：GOSUB  1：GOSUB  2
S=S+1：PRINT" ("；S；")"；
PRINT" MOVE DISC"；N+1；
" FROM"；X；" TO"；Z
GOSUB 3：GOSUB 1：GOSUB 3
N=N+1：RETURN
2：SWAP Y，Z：RETURN
3：SWAP X，Y：RETURN
```

用筛法求素数

首先，简单介绍一下厄拉多塞筛法。厄拉多塞是一位古希腊数学家，他在寻找素数时，采用了一种与众不同的方法：先将2~N的各数写在纸上。

2，3，4，5，6，7，8，9，10，11，12，13，14，15，16，17，18，19，20，21，22，23，24，25，26，27，28，29，30，31，32，33，34，35，36，37，38，39，40，41，42，43，44，45，46，47，48，49，50，51，52，53，54，55，56，57，58，59，60，61，62，63，64，65，66，67，68，69，70，71，72，73，74，75，76，77，78，79，80，81，82，83，84，85，86，87，88，89，90，91，92，93，94，95，96，97，98，99，100，…

在2的上面画一个圆圈，然后划去2的其他倍数；第一个既未画圈又没有被划去的数是3，将它画圈，再划去3的其他倍数；现在既未画圈又没有被划去的第一个数是5，将它画圈，并划去5的其他倍数；依次类推，一直到所有小于或等于N的各数都画了圈或划去为止。这时，表中画了圈的以及未划去的那些数正好就是小于N的素数。

这很像一面筛子，把满足条件的数留下来，把不满足条件的数筛掉。由于这种方法是厄拉多塞首先发明的，所以，后人就把这种方法称作厄拉多塞筛法。

在计算机中，筛法可以用给数组单元置零的方法来实现。具体来说就是：首先开一个数组：$A(I)$，$I=1$，2，3，…同时，令所有的数组元素都等于下标值，即$A(I)=I$，当I不是素数时，令$A(I)=0$。当输出结果时，只要判断$A(I)$是否等于零即可，如果$A(I)=0$，则跳过去检查下一个$A(I)$。

筛法是计算机程序设计中常用的算法之一。

【程序清单】

```
REM——用筛法求素数——
INPUT" N="；N：DIM  A%(N+SQR(N))
P=1：S=1：PRINT" 2"；
```

```
     FOR  I=3  TO  N  STEP  2：A%(I)=
I：NEXT  I
     FOR  I=3  TO  SQR(N)    STEP  2
     IF  A%(I)=0  THEN  GOTO  1
     FOR  J=I  TO  N  STEP  I：A%(I+
J)=0：NEXT  J
1：NEXT  I
     FOR  I=3  TO  N  STEP  2
     IF  A%(I)=0  THEN  GOTO  2
     C=LEN(STR$(A%(I)))：PRINT  SPC
(6－C)；A%(I)；
        P=P+1：S=S+1：IF    P=9  THEN
PRINT：P=0
2：NEXT  I
     PRINT：PRINT  " SUM=";S
     END
```

求10 000以内的所有素数

【问题分析】

素数是除了1和它本身之外再不能被其他数整除的自然数。由于找不到一个通项公式来表示所有的素数，所以对于数学家来说，素数一直是一个未解之谜。像著名的哥德巴赫猜想、孪生素数猜想，几百年来不知吸引了世界上多少优秀的数学家。

自从有了计算机之后，人们借助于计算机的威力，已经找到了$2^{216\,091}$以内的所有素数。

求素数的方法有很多种，最简单的方法是根据素数的定义来求。对于一个自然数N，用大于1小于N的各个自然数都去除一下N，如果都除不尽，则N为素数；否则N为合数。

但是，如果用素数定义的方法来编制计算机程序，它的效率一定是非常低的，其中有许多地方都值得改进。

第一，对于一个自然数N，只要能被一个非1非自身的数整除，它就肯定不是素数，所以不必再用其他的数去除。

第二，对于N来说，只需用小于N的素数去除就可以了。例如，如果N能被15整除，实际上就能被3和5整除，如果N不能被3和5整除，那么N也决不会被15整除。

第三，对于N来说，不必从2到$N-1$的所有素数去除，只需用小于等于$\sqrt{N}$的所有素数去除就可以了。这一点可以用反证法来证明：

如果N是合数，则一定存在整数d_1和d_2，使得$N=d_1×d_2$。

如果d_1和d_2均大于$\sqrt{N}$，则有：$N=d_1×d_2>x=N$。

而这是不可能的，所以，d_1和d_2中必有一个小于或等于$\sqrt{N}$。

基于上述分析，设计算法如下：

1.用2，3，5，7逐个试除N的方法求出100以内的所有素数。

2.用100以内的所有素数逐个试除的方法求出10 000以内的素数。

首先，将2，3，5，7分别存放在$A(1)$，$A(2)$，$A(3)$，$A(4)$中，以后每求出一个素数，只要不大于100，就依次存放在A数组中的一个单元中。当我们求100~10 000之间的素数时，可依次用$A(1)$~$A(25)$的素数去试除N，这个范围内的素数可以不保存，直接打印。

【程序清单】

```
REM——求素数——
INPUT" N=";N：N1=INT(SQR(N))
M=N1/2：DIM  A(M)
PRINT  "      2";
K=1：S=1：P=1
FOR  I=3  TO  N1  STEP  2
```

```
   FOR  J=2  TO  SQR(I)
    IF  I/J=I\J  THEN  GOTO 1
   NEXT  J
   P=P+1：S=S+1
   C=LEN(STR$(I))：PRINT  SPC(6-C)；
I；
   IF  P=11  THEN  P=0：PRINT
   A(K)=I：K=K+1
1：NEXT  I
   FOR  J=I  TO  N  STEP  2
    FOR  T=1  TO  K-1
     IF  J/A(T)=J\A(T)  THEN  GOTO  2
    NEXT  T
   P=P+1：S=S+1
   C=LEN(STR$(J))：PRINT  SPC(6-C)；J；
   IF  P=11  THEN  P=0：PRINT
2：NEXT  J
   PRINT：PRINT  "SUM="；S
   END
```

求最大公约数

【问题分析】

在数学上一般采用辗转相除法求两个自然数的最大公约数，其算法如下：

(1) 求出 m 除以 n 所得的余数 r。

(2) 如果 $r=0$ 即 n 为 m，n 的最大公约数，打印 n 的值，结束。

(3) 如果 $r\neq0$，则令 $m=n$，$n=r$。

(4) 转向步骤(1)

如果将上述算法写成形式化的形式，即为：

$$f(m, n)=\begin{cases}f(n, r) & \text{当}r\neq0\text{时}\\ n & \text{当}r=0\text{时}\end{cases}$$

在求两个自然数的最大公约数的过程中，要多次调用函数 $f(m, n)$，且每次都是自己调用自己。所不同的是，每次都需要改变被除数与除数的值。

在本例中，递归的终止条件是 $r=0$。

【程序清单】

```
REM  ——求最大公约数——
INPUT  "M="；M：INPUT  "N="；N
PRINT  "F("；M；","；N；")=";
IF  M<N  THEN  SWAP  M，N
GOSUB  D：PRINT  N：END
D：R=M  MOD  N
IF  R=0  THEN  RETURN
M=N：N=R：GOTO  D
```

【部分运行结果】

```
M=? 6 0      M=? 1 2      M=? 7 2
N=? 2 4      N=? 5 2      N=? 5 4
F(6 0, 2 4)=1 2   F(1 2, 5 2)=4
F(7 2, 5 4)=1 8
```

验证"回文数猜想"

左右对称的自然数称为回文数，例如，121，4 224，13 731 等。有一个非常有趣的数学猜想与回文数有关，这就是"回文数猜想"：从任意一个两位或两位以上的自然数开始，将这个数与它的逆序数(如1 992的逆序数是2 991)相加，得到一个新数，再用这个新数与它的逆序数相加，不断重复上述操作，经过若干步的逆序相加之后，总可以得到一个回文数。例如，从1992开始，经过7步就得到了回文数。

(1) 1 992+2 991=4 983

(2) 4 983+3 894=8 877

(3) 8 877+7 788=16 665

(4) 16 665+56 661=73 326

(5) 73 326+62 337=135 663

(6) 135 663+366 531=502 194

(7) 502 194+491 205=993 399

利用上述方法似乎永远也变不成回文数的最小数目是196。

(1) 196+691=887

(2) 887+788=1 675

(3) 1 675+5 761=7 436

(4) 7 436+6 347=13 783

(5) 13 783+38 731=52 514

……

据报道，有人已经对196进行了50 000步的逆序相加，仍然未出现回文数，这个数学猜想到目前为止还没有得到证实。现在请你设计一个程序，由计算机在局部范围内验证"回文数猜想"，并将寻找回文数的每一个步骤都显示在屏幕上。

【问题分析】

这是一个运用高精度加法的典型例题，在寻找回文数的过程中，要不断地进行两个自然数的累加。当累加的数字超过16位时，计算机便不能精确地显示了，因此也就无法再继续验证下去了。为了克服这一缺点，我们可以采用字符串输入的方式，并同时开辟两个数组，将每个数的每一位数字分别存放在两个不同的数组$A(I)$和$B(I)$中，A数组中的数与B数组中的数的顺序刚好相反，运算时对位相加即可。当然还要考虑进位问题，相加之后的结果仍然放回到A数组中。

首先，设两个数之和的长度为L，在判断两数之和是否为回文数时，只需从$I=1$开始，到$L/2+1$为止，将$A(I)$单元中的数字与$A(L-I+1)$单元中的数字逐项进行比较，如果其中有一项不相等，即不是回文数，需要继续累加；如果每一项都相等，则回文数已经找到了。

因为计算机只能在局部范围内验证这一猜想，所以我们应当确定一个累加次数，当达到这一次数仍未出现回文数时，我们就认为是找到了一个留待进一步考察的特例。

【程序清单】

```
REM ——验证回文数猜想——
DO
INPUT " n="; N$:   L=LEN (N$)
LOOP WHILE L<2
DIM A(1 000), B(1 000)
GOSUB 1
DO
GOSUB 2
IF P=1 THEN PRINT "出现回文数!":
END
T=0: Z=Z+1: PRINT " (";Z;")";
PRINT "  ";: GOSUB 3: GOSUB 4
T=1: GOSUB 3
LOOP
1: REM ——分离数字子程序——
FOR I=1 TO L
    A(I)=VAL(MID$(N$, I, 1)):
B(I)=A(I)
NEXT I
RETURN
2: REM ——判断是否为回文数子程序——
FOR I=1 TO L \ 2+1
    IF A(I)<>A(L-I+1) THEN P=0:
RETURN
NEXT I: P=1
RETURN
3: REM ——打印子程序——
FOR I=L TO 1 STEP -1: PRINT
B (I);: NEXT I
IF T=1 THEN PRINT: RETURN
```

```
PRINT  " +";
FOR I=1 TO L: PRINT A(I);: NEXT I
PRINT  " =";: RETURN
4: REM  ——逆序相加子程序——
D=0
FOR  I=1  TO  L
  B (I) =B (I) +A (L-I+1) +D
  D=B (I) \ 10: B (I) =B (I) -10*D
NEXT  I
IF  D=1  THEN  L=L+1: B (L) =1
FOR  I=1  TO  L: A (I) =B (I):
NEXT  I
RETURN
```

验证卡布列卡猜想

印度数学家卡布列卡在研究数学问题时发现了一个很有趣的现象：用不完全相同的四个数字组成一个四位数，然后将组成这个四位数的四个数字重新排序，组成一个最大的数和一个最小的数，并用最大的数减去最小的数，对减得的差再重复上述操作，差不够四位数时，用零补位。不断地做下去，最后变成了一个固定不变的数6 174。卡布列卡做了大量的试验，结果不论从任何满足条件的四位数开始，最后总能变成6 174。因此，卡布列卡风趣地把6 174叫做卡布列卡常数。

例如，从4 231开始，把4 231重新排列成4 321和1 234，两数相减得3 087；再把3 087重新排列成8 730和0 378，两数相减得8 352；再把8 352重新排列成8 532和2 358，相减得6 174；再把6 174重新排列成7 641和1 467，两数相减仍然得6 174。

4 231→4 321-1 234=3 087

3 087→8 730-0 378=8 352

8 352→8 532-2 358=6 174

6 174→7 461-1 467=6 174

现在，请你设计一个计算机程序，验证卡布列卡猜想。

【问题分析】

要解决这个问题，需要七步：

第一步，从键盘输入一个四位数，并把它存放在变量A中；

第二步，分离变量A中的每一位数字；

第三步，把这四位数字排序；

第四步，把排好序的数字按降序组成一个较大的数，按升序组成一个较小的数；

第五步，用较大的数减去较小的数，并把差存放在变量C中；

第六步，如果C=A，则程序结束；

第七步，如果C<1 000，则把C扩大10倍，再把C送入A中，转第二步。

这道题用字符串函数来处理非常方便。

【程序清单】

```
REM  ——验证卡布列卡猜想——
INPUT  " 请输入一个四位数"; A
DO
A$=STR$(A)
FOR  I=2  TO  5
  A$(I) =MID$(A$, I, 1)
NEXT  I
FOR  I=2  TO  4
  FOR  J=I+1  TO  5
    IF  A$(I)>A$(J)  THEN  SWAP
A$(I), A$(J)
  NEXT  J
NEXT  I
X$="": D$=""
FOR  I=2  TO  5
```

```
X$=X$+A$(I)：D$=A$(I)+D$
NEXT  I
C=VAL(D$) −VAL(X$)
PRINT  D$;" −"; X$;" ="; C
IF  A=C  THEN  PRINT  "出现卡布列
卡常数!"：END
IF  C<1 000  THEN  C=C*10
A=C
LOOP
```

兔子繁殖问题

有一对小兔，过一个月之后长成大兔，到第三个月就可以生下一对小兔，并且以后每个月都生下一对小兔。而所生的一对小兔也同样到一个月之后长成大兔，到第三个月就可以生下一对小兔，并且以后每个月都生下一对小兔。假设所有的兔子一年内均不死亡，问：一年后共有多少对兔子？请设计一个程序，解决这一问题。

【问题分析】

这一问题是由意大利数学家菲波那契首先提出来的，所以又称为菲波那契问题。

解决菲波那契问题的递推公式如下：

$a_0=1$

$a_1=1$

$a_n=a_{n-1}+a_{n-2}$（$n=2$，3，4，5，…）

由该递推公式导出的数列为：1，1，2，3，5，8，13，21，34，…

被称做菲波那契数列。

【程序清单】

```
X=1：Y=1：P=2
PRINT  X；" "；Y；" ";
1：X=X+Y：Y=Y+X
```

```
PRINT  X；" "；Y；" ";
P=P+1：IF  P>12  THEN  GOTO  1
```

用计算机验证数学猜想

数学是研究客观世界中数量关系和空间形式的一门学科，数量之间的关系本来是一种客观存在，数学家的聪敏过人之处就在于他们能够在茫茫的数字海洋中找出隐藏着的客观存在，并能从理论上证明它的正确性。但有时上帝也会和聪明的数学家们开一些玩笑，数学家们虽然能够发现某些客观规律，但却无法证明它是正确的。

纵观数学发展史，我们会发现许多还没有被人们所证实的数学猜想。最著名的可能要数哥德巴赫猜想了。

要想攻克一个数学猜想，可以从两个方向去考虑：或者证明它的正确性，或者举出一个反例否定它。无论是从理论上严格地证明，还是找到一个反例否定它，都算是解决了这一数学问题。

但是，对于一个著名的数学猜想来说，要想从理论上证明它的正确性，是一件相当困难的事；而想要找到一个反例否定它，同样如同大海捞针。

在这里，我们不想妄谈如何证明一个数学猜想，只是想谈一下如何利用计算机的高速计算能力验证一个数学猜想。

由于计算机程序一旦设计好之后就可以快速准确地计算并打印出所有你需要的结果，它可以代替大量繁琐的手工计算，所以，计算机是在局部范围内验证一个数学命题是否正确的最好的试验工具。

但是，由于计算机软、硬件条件的限制，任何一个计算机程序都只能在有限的范围内验

证一个数学命题的正确性，而一个数学命题的正确性一般都建立在某一个无限集合之中，比如，自然数集合或实数集合。因此，客观地说，用计算机验证数学猜想，绝不是严格意义上的数学证明，充其量只是在局部范围内检验该数学命题的正确性，从数量上增加该猜想是正确的可能性。编制验证程序的另一个动机很可能是想通过大量的试验找到一个反例来否定它。

当你的头脑里萌发出一个数学猜想而不知它是否正确时，最好的办法就是编写一段程序让计算机验证一下，如果在一个相当大的范围内计算机验证的结果都是正确的，你就很有可能发现了一个新的数学规律。

用计算机破案

某地发生一起重大的盗窃案，与本案有关的嫌疑犯一共有6个人，他们分别是A，B，C，D，E，F。现已查明如下的线索：

1.A，B两人至少有一人作案。

2.A，D两人不可能是同案犯。

3.A，E，F三人中有两人参与作案。

4.B，C或同时作案或都与本案无关。

5.C，D中有且仅有一人作案。

6.如果D没有参与作案，则E也不可能参与作案。

请你编制一个程序，根据上述线索找出参与作案的罪犯来。

【问题分析】

由于每一个嫌疑犯都只能处在两种状态中的一个，即要么作案，要么没有作案，没有第三种可能，因此，我们可以用数字0表示未参与作案，用数字1表示参与作案。根据前5条线索，我们可以推导出如下的逻辑表达式：

(1) A+B>1

(2) A+D=1

(3) A+E+F=2

(4) B=C

(5) C+D=1

只有第6条线索考虑起来稍微麻烦一点：

如果D=0，则E=0

如果D=1，要分两种情况分别分析：$\begin{cases} E=0 \\ E=1 \end{cases}$

通过上面的分析，我们可以看出，在考虑第6条因素的前提下，同时满足关系式(1)～(5)的A，B，C，D，E，F的值就是我们所要求的结果。

【程序清单】

```
REM  ——侦破盗窃案——
FOR  A=0  TO  1
  FOR  B=0  TO  1
    FOR  D=0  TO  1
    C=B
    IF  A+B<1  OR  C+D<>1  OR
    A+D<>1  THEN  3
    IF  D=0  THEN  E=0
1:    FOR  F=0  TO  1
        IF  A+E+F<>2  THEN  GOTO  2
      PRINT "A  B  C  D  E  F"
      PRINT A;"   ";B;"   ";C;
      "   ";D;"   ";E;"   ";F
2:    NEXT  F
    IF  D=1  AND  E=0  THEN  E=1:
    GOTO  1
3:    NEXT  D
  NEXT  B
NEXT  A
END
```

【程序运行结果】

A	B	C	D	E	F
1	1	1	0	0	1

用计算机编制万年历

【问题分析】

我们现在使用的天文历法是根据天体运行的规律制定出来的。科学家通过长期的观测和计算，算出地球围绕太阳旋转一周所用的时间是365.242 5天。也就是说，一年有365.242 5天。因此，400年一共有365.242 5天/年×400年=146 097天。如果以365天作为一年，每400年中就减少了0.242 5天/年×400年=97天。这97天要靠设置闰年（一年366天）来凑齐，所以每400年中要设置97个闰年。按照下面介绍的方法可以确定究竟哪一年是闰年：

（1）如果某一年的末尾两位数可以被4整除（但不是00），则该年份为闰年。例如，1984年的84，1988年的88，1996年的96都可以被4整除，所以这些年份是闰年。

（2）如果某一年的末尾两位数字是00，则该年份必须要被400整除才是闰年。例如，2000年，2000可以被400整除，所以2000年是闰年；而1900年呢，虽然1900的末尾两位数字都是零，但1900不能被400整除，所以1900年不是闰年。

由此，导出计算万年历的公式为：

$$S=X-1+\frac{X-1}{4}-\frac{X-1}{100}+\frac{X-1}{400}+C$$

将S取整，然后再除以7，所得的余数就是这一天的星期数。

其中，X为公元年数；C为从元旦那天开始到要算的那天的总天数。

例如，我们要计算1999年2月28日是星期几，则$X=1999$，$C=31+28=59$。

注意：计算3月份以后的日期时，要算准2月份的天数，如果该年份是闰年，2月份的天数为29天；如果是平年，2月份的天数为28天。

【程序清单】

```
REM ——万年历——
DEFDBL  A-Z
DIM  A(12)：C=0：S=0
DO
INPUT "请输入年份"；Y
LOOP  UNTIL  Y>0
DO
INPUT  "请输入月份"；M
LOOP  UNTIL  (M>0)  AND  (M<13)
AND  (M=INT  (M))
DO
INPUT  "请输入日期"；D
LOOP  UNTIL  (D>0)  AND  (D<32)
FOR  I=1  TO  12：READ  A(I)：NEXT  I
DATA  31，28，31，30，31，30，31，
31，30，31，30，31
FOR  I=0  TO  6：READ  XING$(I)：
NEXT  I
DATA  日，一，二，三，四，五，六
GOSUB  1：REM  ——确定是否为闰年——
FOR  I=0  TO  M-1：C=C+A(I)：NEXT  I
C=C+D
S=Y-1+(Y-1)/4-(Y-1)/100+(Y-1)/400+C
K=INT(S)：XING=K  MOD  7
PRINT  Y；"年"；M；"月"；D；"日是星期"；XING$(XING)
END
1：IF  （Y/4 =Y\4）AND （Y/100 <>Y\100）
THEN  A(2) =29：RETURN
```

```
IF  Y/400=Y\400  THEN  A(2)=29:
RETURN
RETURN
```

求 2^n 的精确值

【问题分析】

在Qbasic语言中，如果一个数是用双精度方式表示的，则可以表示为16位的准确数字。例如，当 n 的值小于或等于53时，我们可以直接用PRINT语句来计算 2^n 的精确值。但是，当 n 的值超过53以后，计算结果就不是我们所需要的准确结果了，它是按浮点形式出现的。请读者试验下面的这个小程序：

```
DEFDBL   A-B
A=2^53: B=2^54
PRINT   "2^53=": A
PRINT   "2^54=": B
END
```

【运行结果】

2^53=9 007 199 254 740 992

2^54=1.801 44E+16

这时，就需要用编程的方法来求 2^n 的精确值了。在编程时，有三个问题需要考虑：

（1）数据的存储

可以利用一维数组 $A(I)$ 的每一个单元存放 2^n 的每一位数字。例如，

$2^{10}=1024$ ，则 $A(1)=4$ ， $A(2)=2$ ， $A(3)=0$ ， $A(4)=1$ 。

存放顺序是从个位数开始存放，即第一个单元放数字4，第二个单元放数字2，第三个单元放数字0，第四个单元放数字1，以此类推。

（2）确定 2^n 的位数

由数学知识可知，一个自然数的位数等于这个数的常用对数的首数加一，对于 2^n 来说就是：

2^n 的位数=INT($lg2^n+1$)=INT($n*lg2+1$)

但计算机所用的是自然对数，所以，再使用换底公式替换一下即得：

2^n 的位数=INT$\left(n\times\dfrac{\ln2}{\ln10}+1\right)$

因为 $lg2\approx0.301\ 03$ ，所以，也可以直接用下式来计算：

2^n 的位数=INT($n\times0.301\ 03+1$)

（3）进位处理

首先，设置一个变量 C 作为进位标志，由于 $A(I)$ 的每一个存储单元只存放 2^n 的一位数，所以每次乘以2之后，该单元中的数最多可能是十几，这时，令 C 等于该单元中的数的十位数字，如果 $C>0$ ，则表明有进位产生，可令该单元中的数等于原来的数减去10，当对下一个单元乘以2时，还要加上前一个单元的进位 C ，如此反复，直到最高位为止。

【程序清单】

```
REM   ——求2^n的精确值——
INPUT  " N="; N: P=INT(N * 0.301 03+1)
DIM  A (P): A (1) =1
FOR  T=1  TO  N
H=INT(T * 0.301 03+1): GOSUB  1
PRINT  TAB (8);" 2^"; T;" =";
FOR  K=H  TO  1  STEP-1: PRINT
A (K); : NEXT  K
PRINT
NEXT  T
END
1: REM  ——子程序——
C=0
FOR  S=1  TO  H
```

```
X=2 * A(S)+C：C=X\10
IF  C>0  THEN  X=X–10
A(S)=X
NEXT  S
RETURN
```

高精度除法

求 $A \div B$ 的精确值。

【问题分析】

当 A 和 B 都在计算机允许的显示精度范围内时，$A \div B$ 的精确值有两种情况：

（1）A 能被 B 整除，$A \div B$ 就是它们的精确值，没有余数。

（2）A 不能被 B 整除，对余数要进行处理。

首先，我们来观察一个具体的例子：

$3 \div 17 = 0.176\ 470\ 5$

```
        0.1 7 6 4 7 0 5
   17 ) 3 0
        1 7
        1 3 0
        1 1 9
        1 1 0
        1 0 2
          8 0
          6 8
          1 2 0
          1 1 9
            1 0 0
              8 5
              1 5
```

通过观察我们可以看出：在做除法运算时，有一个不变的量和三个变化的量。一个不变的量是除数，三个变化着的量是：被除数，商和余数。在做除法运算时，每次都是用被除数减去商与除数的乘积，如果所得的余数不等

于零，则将其扩大10倍后再次作为除数，继续试除，直到余数为零或者达到所要求的精度为止。

为了寻找除数、被除数、商和余数四者之间的关系，我们把上述除法运算的每一步骤列成表格如下：

N	被除数 $A(N)$	除数 B	商 $D(N)$	余数 $X(N)$
0	3	17	0	3
1	30	17	1	13
2	130	17	7	11
3	110	17	6	8
4	80	17	4	12
5	120	17	7	1
6	10	17	0	10
7	100	17	5	15
…	…	…	…	…

从上表中我们可以清楚地看出：

$A(N)=10 \times X(N-1)$

$D(N)=A(N) \backslash B$

$X(N)=A(N) \text{MOD } B$

有了准确的计算公式之后，我们就可以设计一个程序，让计算机模拟除法运算的过程了。

【程序清单】

```
REM    ——高精度除法运算——
INPUT    "A, B, E="; A, B, E
PRINT  A; "/"; B "=";
DIM  A(E), D(E), X(E)
A(0)=A：D(0)=A\B
X(0)=A(0)  MOD  B
PRINT  D(0)； "."；
FOR  I=1  TO  E
   IF  X(I-1)=0  THEN  END
```

```
      A(I)=X(I-1) * 10
      D(I)=A(I)\B: PRINT  D(I);
      X(I)=A(I)  MOD  B
NEXT  I
END
```

【运行结果举例】

A，B，E=355，113，20

355/113=3.141 592 920 353 982 300 88

填数游戏

请你设计一个程序，由计算机把1～8的自然数分别填入图（1）的8个小方格中，使得横、竖、对角任何两个相邻的小方格中的两个数都是不连续的。例如：不能有图（2）所示的类似情况产生。请找出所有可能的填充方案。

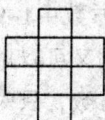
（1）

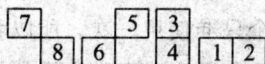
（2）

【问题分析】

这个问题可以采用与求解八皇后问题相类似的搜索方法。

（1）给每一个方格一个编号：$A(1)$~$A(8)$（见下左图）。

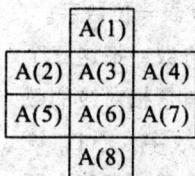

给每个小方格编号

	A(1)	
A(2)	A(3)	A(4)
A(5)	A(6)	A(7)
	A(8)	

建立邻接矩阵

	A(1)	A(2)	A(3)	A(4)	A(5)	A(6)	A(7)	A(8)
A(1)	0	1	1	1	0	0	0	0
A(2)	1	0	1	0	1	1	0	0
A(3)	1	1	0	1	1	1	1	0
A(4)	1	0	1	0	0	1	1	0
A(5)	0	1	1	0	0	1	0	1
A(6)	0	1	1	1	1	0	1	1
A(7)	0	0	1	1	0	1	0	1
A(8)	0	0	0	0	1	1	1	0

（2）建立邻接矩阵$A(I, J)$。该矩阵中的元素定义为：

$$A(I, J) = \begin{cases} 1 & \text{如果两个方格相邻,} \\ 0 & \text{如果两个方格不相邻.} \end{cases}$$（见上右图）

（3）相邻两个方格中的数值是否为连续的判断条件是：

$A(I, J) = 1$ 且 $|A(I) - A(J)| = 1$

如果$A(I, J) = 1$，且$|A(I) - A(J)| = 1$，则说明I，J两格是相邻的，且两格中的数值是连续的。

如果$A(I, J) = 0$或$A(I, J) = 1$，但$|A(I) - A(J)| = 0$，则说明I，J两格不相邻，或相邻但两格中的数不连续。

（4）置数

从一号格开始填数，每填一个数就要判断一下该方格中的数值和每一个与它相邻的方格中的数值是否是连续的。如果两个方格相邻且两个方格中的数值是连续的，则说明当前方格中的数值不符合要求，将其加一后再作判断。

（5）回溯

如果当前方格中的数值加到8之后仍然不符合要求，则说明可能是前一个方格中的数值不符合要求，这时向前回溯，将前一个方格中的数值加一后再判断该方格中的数值与相邻方格中的数值是否是连续的。

（6）打印

当8个方格中的数值都填完之后，即可将这一填充方案打印出来。

（7）寻找下一个填充方案

由于题目要求将所有可能的填充方案都打印出来，所以此时可将第8个方格中的数值加一，再做下一个填充方案的判断，直到找到所有的填充方案或退回到第一个方格为止。

```
REM  ——填数游戏——
DIM  A(8)，B(8，8)
FOR  I=1  TO  8
  FOR  J=1  TO  8
    READ  B(I，J)
  NEXT  J
NEXT  I
I=1：A(I)=1
DO
I=I+1：A(I)=0
1：A(I)=A(I)+1
  IF  A(I)>8  THEN  2
  FOR  J=I-1  TO  1  STEP  -1
    IF  A(I)=A(J)  THEN  1
    IF  B(I，J)=1  AND  ABS(A(I)-
A(J))=1  THEN  1
  NEXT  J
LOOP  UNTIL  I=8
GOSUB  3：PRINT  " OK！OK！"：GOTO  1
2：A(I)=0：I=I-1：IF  I=0  THEN  END
GOTO  1
DATA  0，1，1，1，0，0，0，0
DATA  1，0，1，0，1，1，0，0
DATA  1，1，0，1，1，1，1，0
DATA  1，0，1，0，0，1，1，0
DATA  0，1，1，0，0，1，1，0
DATA  0，1，1，1，1，0，1，1
DATA  0，0，1，1，0，1，0，1
DATA  0，0，0，0，1，1，1，0
3：PRINT  "   "；A(1)
PRINT  A(2)；" "；A(3)；" "；A(4)
PRINT  A(5)；" "；A(6)；" "；A(7)
PRINT  "   "；A(8)
PRINT：RETURN
```

用1~9的数字不重复地组成三个三位的完全平方数

请你设计一个程序，用1~9这九个数字组成三个三位的平方数，要求每个数字只准使用一次。

【问题分析】

第一步，通过分析题目的已知条件，确定搜索范围。

（1）由于题目已经明确规定了是三位数，所以数的搜索范围下限定为100，上限定为999。

（2）由于题目所求的是三位的平方数，而100到999之间的平方数只有22个，即10到31。

（3）又由于题目要求在平方数中1~9的数字每个只准使用一次，所以我们又可以排除那些有重复数字或有数字零的平方数，只对那些既没有重复数字，也没有数字零的平方数进行判断。

通过上面的分析，我们已经把搜索范围限定在最小范围内了。

第二步，用穷举法搜索满足条件的解。

在计算机中实现这一点很容易，首先，开辟一个有21个单元的一维数组$Q(I)$，用来存放11~31的平方；再开辟一个只有9个单元的一维数组$K(I)$，使得每个数组单元代表一位数字。

搜索时，每次选择三个平方数，把这三个平方数的每一位数字分别放进与它相对应的数组单元中，如果某个单元中的数字大于1，说明这一组平方数中有重复数字出现，不符合题目的要求，再换下一组平方数进行检测，直到找到一组解为止。

为了保证搜索没有遗漏，我们用一个三重循环来控制选择平方数的顺序。

【程序清单】

```
REM ——三个完全平方数——
DIM  Q(21)：S=0
FOR  I=11  TO  31
  X=I＊I：GOSUB  3
  IF（L1=L2）OR（L2=L3）OR（L1=L3）
  THEN  GOTO  1
  S=S+1：Q(S)=X
1：NEXT  I
  FOR  A=1  TO  S-2
    FOR  B=A+1  TO  S-1
      FOR  C=B+1  TO  S
        X=Q(A)：GOSUB  3
        X=Q(B)：GOSUB  3
        X=Q(C)：GOSUB  3
        FOR  I=0  TO  9
          IF  K(I)＞1  THEN  GOTO  2
        NEXT  I
        PRINT  Q(A)，Q(B)，Q(C)：
        END
2：      FOR  J=0  TO  9：K(J)=0：
        NEXT  J
      NEXT  C
    NEXT  B
  NEXT  A
END
3：REM  ——子程序——
  X$=STR$(X)
  L1=VAL(LEFT$(X$，2))：
  K(L1)=K(L1)+1
  L2=VAL(MID$(X$，3，1))：
  K(L2)=K(L2)+1
  L3=VAL(RIGHT$(X$，1))：
  K(L3)=K(L3)+1
RETURN
```

【程序运行结果】

361　　529　　784

40个自然数

请你设计一个程序，让计算机找出40个自然数来，使得任意两个数之差均不相等。

【问题分析】

首先，开辟一个数组$S(I)$，准备存放这40个数，再开辟一个数组$CHA(I)$用来存放两个数的差。

寻找某一个满足条件的自然数的过程如下：

（1）把1和2放进数组S中。

（2）把1放进数组CHA中。

（3）当寻找下一个自然数时，要把这个自然数与数组S中的每一个数相减，再判断所得的差是否在数组CHA中。

如果所得的差不在数组CHA中，说明又找到了一个满足条件的自然数。把这个自然数放进数组S中，同时还要把这个自然数与S数组中原有的每一个自然数的差记录到数组CHA中去。如果所得的差与数组CHA中的某个数重复了，说明这个自然数不符合条件，继续寻找下一个自然数。

（4）重复步骤3，直到找到40个自然数为止。

【程序清单】

```
REM  ——40个自然数——
INPUT  " N="；N
DIM  S(N)，CHA(3000)
S(1)=1：S(2)=2
CHA(1)=1：S=2：Y=2：PRINT  1，2，
```

```
1：Y=Y+1
    FOR  K=1  TO  S
      IF  CHA(Y-S(K)) =1  THEN  GOTO  1
    NEXT  K
    S=S+1：S(S) =Y
    FOR  K=1  TO  S-1
      CHA(Y-S(K)) =1
    NEXT  K
    PRINT  Y,：IF  S<N  THEN  GOTO  1
    END
```

【程序运行结果】

N=? 40

1	2	4	8	13
21	31	45	66	81
97	123	148	182	204
252	290	361	401	475
565	593	662	775	822
916	970	1 016	1 159	1 312
1 395	1 523	1 572	1 821	1 896
2 029	2 254	2 379	2 510	2 780

奇妙的幻方

幻方是一个古老而又十分有趣的平面数字游戏。所谓幻方，即在一个N×N的方格里，既不重复又无遗漏地填入1~N²的自然数，使得每行、每列以及两条对角线上的N个数字相加都等于一个相同的数，这个相同的数叫做幻和。

我国是世界上公认的最早研究幻方的国家，我国古代史书中很早就有关于幻方的记载。传说大禹治水时，从洛河里跳出一只神龟，在它的背上刻有一个图案，画的就是我们今天所说的3阶幻方，古人称之为"洛书"。

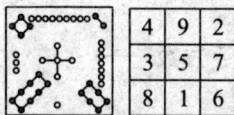

4	9	2
3	5	7
8	1	6

洛书

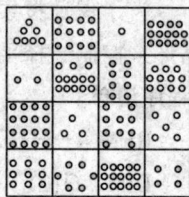

旅行者1号上的幻方

我国南宋时期著名的数学家杨辉曾对幻方进行过精心的研究。在他所著的《续古摘奇算法》一书中，列举了3阶、4阶，直至10阶的幻方。

在16—17世纪，幻方游戏开始盛行，许多人构造出各式各样的幻方，这其中也有杰出的数学家为探讨幻方理论付出的辛勤劳动。

幻方的许多奇妙性质曾使不少爱好者着迷，在美国1977年发射的寻求星外文明的宇宙飞船旅行者1号上，除了带有向宇宙人致意的信号外，还带有一些图片，这些图片之中就有一张4阶幻方图。

幻方一般可以分为奇数阶幻方（如3阶、5阶、7阶等）和偶数阶幻方，偶数阶幻方又可以分为单偶阶幻方（如6阶、10阶、14阶等）和双偶阶幻方（如4阶、8阶、12阶等）。这三种类型的幻方构成的方法是不一样的。

16	2	3	13
5	11	10	8
9	7	6	12
4	14	15	1

17	24	1	8	15
23	5	7	14	16
4	6	13	20	22
10	12	19	21	3
11	18	25	2	9

35	1	33	8	28	6
3	32	7	30	5	34
4	2	31	36	29	12
26	19	24	17	10	15
21	25	12	14	16	
22	27	20	13	18	11

四阶幻方　　　五阶幻方　　　六阶幻方

奇数阶幻方

编写一个程序，可以生成任意奇数阶幻方。

【问题分析】

对于奇数阶幻方，我们可以采用下面的方

法来构造：

1.构造一个N×N的方格阵（见图1）。

2.将数字1置于第一行正中间的方格中（见图2）。

3.以后的各数均填在前一个数右上角的方格中（见图3）。

4.如果上边出界，则将该数填到该列最下边的一个方格中（见图4）。

5.如果右边出界，则将该数填到该行最左边的一个方格中（见图5）。

6.如果上边和右边同时出界，或者右上角的方格中已经填过数了，则将该数填在这个格下面的那个方格中（见图6）。

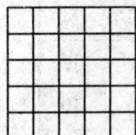 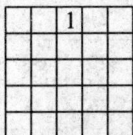 

图1 5×5的 图2 数字1填在 图3 以后各数填
方格阵 第一行的正中间 在前一个数的右上角

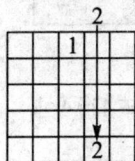 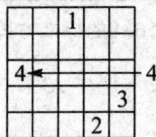 

图4 上边出界填 图5 右边出界填 图6 右上角有数填
到最下面的格里 到最左边的格里 到下面的一个格里

在上述算法的具体步骤中，确切的数学表达式为：

第一行正中间的方格的坐标为：$A\left(1, \dfrac{N+1}{2}\right)$

右上角的格：行减一 $(I=I-1)$

列加一 $(J=J+1)$

如果上边出界：行=0 $(I=0)$

则行=N $(C=N)$

如果右边出界：列>N $(J>N)$

则列=I $(I=1)$

右上角格中已经填过数：$K-1$ 可以被 N 整除 $(K-1)/N=(K-1)\backslash N$

【程序清单】

```
REM——奇数阶幻方——
DO
INPUT " N="; N
LOOP UNTIL (N>0) AND (N/2<>N\2)
DIM A(N, N)
C=1：I=INT(N+1)/2：A(C, I)=1
FOR K=2 TO N*N
  C=C-1：I=I+1
  P=(K-1)/N
  IF P=INT(P) THEN C=C+2：I=I-1：
  GOTO 1
  IF C<1 THEN C=N
  IF I>N THEN I=1
1：  A(C, I)=K
NEXT K
FOR I=1 TO N
  FOR J=1 TO N
    L=LEN(STR$(A(I, J)))
    PRINT TAB(6*J)；SPC(4-L)；
    A(I, J)；
  NEXT J
  PRINT
NEXT I
PRINT " SUM="; N*(N*N+1)/2
END
```

【部分运行结果】

N=? 5

17	24	1	8	15
23	5	7	14	16
4	6	13	20	22
10	12	19	21	3
11	18	25	2	9

S U M=65

N=? 9

47	58	69	80	1	12	23	34	45
57	68	79	9	11	22	33	44	46
67	78	8	10	21	32	43	54	56
77	7	18	20	31	42	53	55	66
6	17	30	41	52	63	65	76	
16	27	29	40	51	62	64	75	5
26	28	39	50	61	72	74	4	15
36	38	49	60	71	73	3	14	25
37	48	59	70	81	2	13	24	35

SUM=369

双偶阶幻方

编写一个程序，可以生成任意双偶阶幻方。

【问题分析】

双偶阶幻方是指阶数能被4整除的幻方。如4阶幻方、8阶幻方等。生成双偶阶幻方的方法不是唯一的，我们介绍的只是其中的一种方法。

对于双偶阶幻方，我们可以采用下面的方法来构造：

第一步，将1~N^2的自然数顺次填入到一个$N×N$的方阵中，并将其分为A、B、C、D四块。

第二步，确定块A中需要更换的元素。

根据轴对称和中心对称原则，确定B、C、D块中需要对换的元素。

第三步，对换上述元素。

第四步，打印最后的结果。

这个算法关键的步骤是第二步，那么如何确定块A中要交换的元素呢？方法很简单，只需在块A的每行、每列中选且仅选N个元素作

为要交换的元素。这样，对于$4N$阶幻方来说，在块A中一共要确定$2N^2$个对换元素。

至于每行每列选择哪N个元素，可以由你自己指定，没有硬性规定，只要满足每行每列选且仅选N个元素这一条件即可。当然，可以人为地确定一些数，但是这样编出来的程序没有什么变化，执行一千遍，总是同一个结果，如果想产生任意变换的幻方，可以把选择权交给计算机，让计算机来选择块A中的元素。

例如，要生成一个8阶幻方。

(1) 先产生一个标准的8阶方阵。

1	2	3	4	5	6	7	8
9	10	11	12	13	14	15	16
17	18	19	20	21	22	23	24
25	26	27	28	29	30	31	32
33	34	35	36	37	38	39	40
41	42	43	44	45	46	47	48
49	50	51	52	53	54	55	56
57	58	59	0	61	62	63	64

生成一个8×8的标准方阵

(2) 块A中一共有16个元素，排成4行4列(见下图左)。

1	2	3	4
9	10	11	12
17	18	19	20
25	26	27	28

块A中有
16个元素

选择块A中要
交换的元素

(3) 每行每列选择两个元素作为要交换的元素，假如选择的某一方案为右上图所示。

(4) 根据轴对称和中心对称原则，确定B，C，D块中要交换的元素。

设P是块A中第I行中要交换元素的纵坐标，则交换时，只需做：

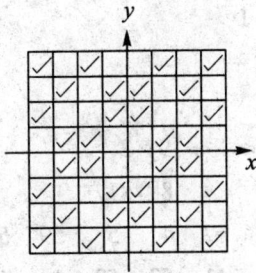

确定要交换的元素

$R (I, P) = R (F+1-I, F+1-P)$

其中，F为幻方的阶数。

具体的交换过程是：

第1行（1，3，6，8）⇔第8行（8，6，3，1）

第2行（2，4，5，7）⇔第7行（7，5，4，2）

第3行（1，4，5，8）⇔第6行（8，5，4，1）

第4行（2，3，6，7）⇔第5行（7，6，3，2）

这样就得到了一个8阶幻方（见下图）。

64	2	62	4	5	59	7	57
9	55	11	53	52	14	50	16
48	18	19	45	44	22	23	41
25	39	38	28	29	35	34	32
33	31	30	36	37	27	26	40
24	42	43	21	20	46	47	17
49	15	51	13	12	54	10	56
8	58	6	60	61	3	63	1

8阶幻方

由于计算机在选择要交换的元素时具有一定的随机性，所以，每次产生的4N阶幻方都不一定相同，当你运行这段程序时，并不知道会产生什么样的幻方，而这正是本程序的奇妙之处。

【程序清单】

```
REM  ——4N阶幻方——
RANDOMIZE
DO
```

```
INPUT  " N=? (1<=N<=19)"; N
LOOP  WHILE  N<1  OR  N>19
K=2 * N：F=4 * N：C=LEN
(STR$(F * F)) +1
DIM  A(K, N), B(F), R(F, F)
P=0：PRINT
PRINT  2 * K; "阶幻方"
FOR  I=1  TO  F
  FOR  J=1  TO  F
   P=P+1：R (I, J) =P
  NEXT  J
NEXT  I
FOR  I=1  TO  K-1  STEP  2
1:   FOR  J=1  TO  N
      DO
       Y=INT(K * RND(1) +1)
       LOOP  UNTIL  B(Y) =0
       B(Y) =1
     NEXT  J
O=1：U=1
FOR  P=1  TO  K
  IF  B(P) =0  THEN  A(I+1, O) =P：
  O=O+1：GOTO  2
  A(I, U) =P：U=U+1：B(P) =0
2:   NEXT  P
IF  I=1  THEN  4
FOR  M=I-1  TO  1  STEP  -1
  FOR  Q=1  TO  N
   IF  A(M, Q) <>A(I, Q)
   THEN  3
  NEXT  Q：GOTO  1
3:   NEXT  M
4:   NEXT  I
FOR  I=1  TO  K
  FOR  J=1  TO  N
```

```
        X=A(I, J)：B(X) =X
        B(F+1-X) =F+1-X
    NEXT  J
    FOR  P=1  TO  F
        IF  B(P) <>0  THEN  SWAP
R(I, P), R(F+1-I, F+1-P)：B(P) =0
    NEXT  P
NEXT  I
FOR  I=1  TO  F
    FOR  J=1  TO  F
        D=LEN(STR$(R(I, J)))
        PRINT  SPC(C-D)；：PRINT  R(I, J)；
    NEXT  J：PRINT
```

```
    NEXT  I
    END
```

【运行结果】

N=? (1<=N<=19) 2

8阶幻方

1	63	62	4	5	59	58	8
56	10	11	53	52	14	15	49
17	47	19	45	44	22	42	24
40	26	38	28	29	35	31	33
32	34	30	36	37	27	39	25
41	23	43	21	20	46	18	48
16	50	51	13	12	54	55	9
57	7	6	60	61	3	2	64

N=? (1<=N<=19) 3   12 阶幻方

1	143	3	141	140	6	7	137	136	10	134	12
132	14	130	16	17	127	126	20	21	123	23	121
120	119	27	28	116	30	31	113	33	34	110	109
37	38	106	105	41	103	102	44	100	99	47	48
96	50	94	52	92	54	55	89	57	87	59	85
61	83	63	81	65	79	78	68	76	70	74	72
73	71	75	69	77	67	66	80	64	82	62	84
60	86	58	88	56	90	91	53	93	51	95	49
97	98	46	45	101	43	42	104	40	39	107	108
36	35	111	112	32	114	115	29	117	118	26	25
24	122	22	124	125	19	18	128	129	15	131	13
133	11	135	9	8	138	139	5	4	142	2	144

单偶阶幻方

编写一个程序，可以生成任意单偶阶幻方。

【问题分析】

单偶阶幻方是指阶数能被2整除但不能被4

整除的幻方，如6阶幻方、10阶幻方等。生成单偶阶幻方的方法不是唯一的，我们介绍的只是其中的一种方法。

对于单偶阶幻方，我们可以采用下面的方法来构造：

第一步，分块置数

(1) 把一个N×N（N为单偶阶幻方的阶数）

的方阵划分为如下图所示的四个 $\frac{N}{2} \times \frac{N}{2}$ 的小方阵。

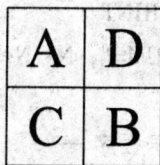

四个小方阵

(2) 分别将 $1 \sim (\frac{N}{2})^2$

$(\frac{N}{2})^2 + 1 \sim 2(\frac{N}{2})^2$

$2(\frac{N}{2})^2 + 1 \sim 3(\frac{N}{2})^2$

$3(\frac{N}{2})^2 + 1 \sim 4(\frac{N}{2})^2$

的数字按照同一种生成 $\frac{N}{2}$（$\frac{N}{2}$为奇数）阶幻方的方法填入到块 A、B、C、D 中去。

第二步，对换元素的位置

令 $M = \frac{N}{2}$，按下列规则进行对换：

(1) 块 A 中第一行中间的元素不参与对换。

(2) 块 A 中的最上面的 INT $(\frac{M}{2})$ 行的元素与块 D 中相应位置上的元素对换。

(3) 块 A 的中心元素与块 D 的中心元素对换。

(4) 块 C 中最下面 M-INT$(\frac{M}{2})$-2 行元素与块 B 中对应位置上的元素对换。

下面，我们以生成6阶幻方为例来说明。

1.把一个6×6的方阵划分为四个3×3的小方阵（见下图左）。

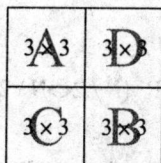

四个3×3的小方阵　　　6×6的方阵

2.分别将1~9，10~18，19~27，28~36的数字按同一种生成3阶幻方的方法填入小方阵 A，B，C，D 中，得到6×6的方阵。

3.将块 A 中第一行元素8和6分别与块 C 中的第一行元素35和33对调。

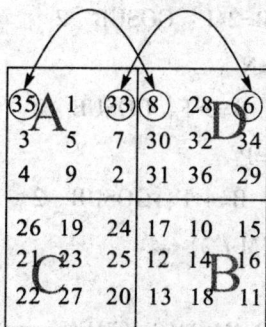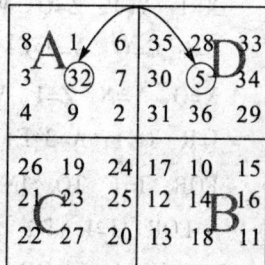

第一行元素对换　　　中心元素对换

4.将块 A 的中心元素5与块 D 的中心元素32对调。这样，就生成了一个6阶幻方。

由于当 $N=6$ 时，M-INT$(\frac{M}{2})$-2=3-INT$(\frac{3}{2})$-2=0，所以，$N=6$ 时，仅执行对换规则的前3步。

8	1	6	35	28	33
3	32	7	30	5	34
4	9	2	31	36	29
26	19	24	17	10	15
21	23	26	12	14	16
22	27	20	13	18	11

6阶幻方

【程序清单】

```
REM ——生成单偶阶幻方——
DO
INPUT " N="; N: M=N / 2
LOOP WHILE (N<3) OR (N/2<>N\2)
OR (N / 4=N \ 4)
F=N*N / 4: DIM A(N, N)
PRINT N ;" 阶幻方"
P=N / 2: Q=P+1: R=(3*N+2) / 4
S=(N+2) / 4
X=1: Y=P: Z=1: W=P
I=S: C=1: A=1: B=F: GOSUB 2
X=Q: Y=N: Z=Q: W=N
I=R: C=Q: A=F+1: B=2*F: GOSUB 2
X=1: Y=P: Z=Q: W=N
I=S: C=Q: A=2*F+1: B=3*F: GOSUB 2
X=Q: Y=N: Z=1: W=P
I=R: C=1: A=3*F+1: B=4*F: GOSUB 2
FOR I=1 TO INT(M / 2)
  FOR J=1 TO M
    IF I<>1 OR J<>(M+1)/2 THEN
    SWAP A(I, J), A(I, M+J)
  NEXT J
NEXT I
SWAP A (S, S), A (S, R)
IF N=6 THEN GOTO 1
FOR I=1 TO M- INT(M / 2) - 2
  FOR J=1 TO M
  K=N- I+1
  SWAP A(K, J), A(K, M+J)
  NEXT J
  NEXT I
1: FOR I=1 TO N
  FOR J=1 TO N
    D=LEN(STR$(A (I, J)))
    PRINT SPC(4- D); A(I, J);
  NEXT J
  PRINT
NEXT I: PRINT
PRINT " SUM="; N*(N*N+1) / 2
END
2: REM ——子程序——
  A(C, I) =A
  FOR R K=A+1 TO B
    C=C- 1: I=I+1
    IF (K-1) / M= (K-1) \ M THEN
    C=C+2: I=I-1: GOTO 3
    IF C<Z THEN C=W
    IF I>Y THEN I=X
3:   A(C, I) =K
  NEXT K
  RETURN
```

【部分运行结果】

6阶幻方

35	1	33	8	28	6
3	32	7	30	5	34
4	9	2	31	36	29
26	19	24	17	10	15
21	23	25	12	14	16
22	27	20	13	18	11

SUM=111

N=? 10

10阶幻方

92	99	1	83	90	17	24	76	8	15
98	80	82	89	91	23	5	7	14	16
4	6	88	20	22	79	81	13	95	97
10	12	19	21	3	85	87	94	96	78

11	18	25	2	9	86	93	100	77	84
67	74	51	58	65	42	49	26	33	40
73	55	57	64	66	48	30	32	39	41
54	56	63	70	72	29	31	38	45	47
60	62	69	71	53	35	37	44	46	28
36	43	50	27	34	61	68	75	52	59

SUM=505

棋盘上的麦粒

相传古印度有一个国王，他非常贪玩，曾重金悬赏发明奇妙游戏的人。有一个术士把他发明的一种棋献给了国王，就是今天的国际象棋。国王特别喜欢这种棋，玩起来爱不释手，他决定重赏国际象棋的发明人。

而术士却只提了一个小小的要求："请国王为我发明的棋盘的第一个格子放一粒麦子，在第二个格里放两粒麦子，在第三个格里放四粒麦子……每一个格里都放进比前一个格多一倍的麦粒，当您在棋盘上的64个方格里都放满了麦粒，这些就是我所要的奖赏。"

国王一口答应了术士的要求，而大臣们的计算结果却使国王大吃一惊，术士所要求的这些麦粒可以覆盖地球的表面，全世界的农民要几百年才能种出来。聪明的术士用数学知识愚弄了贪玩的国王。那么放满64格一共需要多少粒麦子呢？请你编一个程序来求解。

穷举法

用计算机程序设计的方法解决某些数学题，与用纯数学方法并不完全相同。我们经常采用穷举的方法，即首先确定一个搜索范围，把各种可能的情况都一一列举出来，然后从中找出满足条件的解。尽管搜索的范围有时会很大，但由于计算机的运算速度非常快，可以在很短的时间内对成千上万的数据进行检测，并迅速找到问题的解。

为了保证搜索没有遗漏，一般采用循环语句来控制搜索范围；而为了提高搜索效率，要尽量缩小搜索范围。

破译密码

下面是两条由数字串组成的密码：

A$= "2，16，13．2，26，9，17，22．17，1．20，13，9，4，17，22，15．14，23，26．1，16，9，22，15，16，9，17．2，23，21，23，26，26，23，5，8"

B$= "7．21，7，17．6．7．1，13，19，10，2．18，25，9，3．25．18，16，7，14．18，13．18，6，3．11，13，13，12，–2"

已知破译该密码的原则如下：

（1）每一个数字串中的最后一个数M为密钥，它不是密码的原文，用数字串中其余各数减去M后所得的值为该英文大写字母所对应的序号。例如，在A$中，$M=8$，则$16-8=8$对应的大写英文字母为$H$。

（2）如果相减后的值小于或等于0，则将其加上26。

（3）如果相减后的值大于26（当M的值为负数时），则将其再减去26。

（4）密码中的逗号为每个英文字符的间隔符，密码中的句号为每个英文单词的间隔符。请你设计一个程序，让计算机按照上述原则破译这三条密码。

【问题分析】

这是一个非常有趣且综合性很强的题目。

由于英语只有26个字母，所以，我们可以用1~26的数字顺序表示A~Z这26个字母。用这26个数字组成密码来传递各种信息，即可起到简单保密的效果。例如：23，5. 19，8，1，12，12. 3，15，13，5. 1，20. 19，9，24就表示："我们将于六点钟来。"

但是这种保密的方法顺序关系过于明显，很容易被别人识破，为了使密码不易被别人识破，有时把每个数都相应地加上（或减去）同一个数，并且在密码的结尾处写上处理的方法。接收数据者应该根据最后一个数值将密码还原，然后再译。

按照题目的要求写出算法如下：

（1）取出密钥，即从某一字符串的最右端找出第一个逗号以后的字符，将它转换成数值，作为密钥。

（2）顺序读取某一个字符串中的每一个字符，如果遇到的是数字，先将其存起来，再看下一个字符是否也是数字，如果遇到逗号或句号，则将暂存的数字进行一次译码，直到倒数第二个数字为止。

【程序清单】

```
REM —— 破译密码 ——
FOR I=1 TO 3
    READ A$: A=0: L=LEN(A$)
    FOR J=L TO L-5 STEP-1
    C$=MID$(A$, J, 1)
        IF C$="," OR C$=" ." THEN
        H=L-J: GOTO 1
    NEXT J
1:  M=VAL(RIGHT$(A$, H))
    FOR J=1 TO L-H
    B$=MID$(A$, J, 1)
```

```
    IF B$="," OR B$=" ." THEN GOSUB 3:
    GOTO 2
    A=A*10+VAL(B$)
2:  NEXT J
    PRINT
NEXT I
END
3: K=A-M
    IF K<0 OR K>26 THEN
    K=K-SGN(K)*26
    PRINT CHR$(64+K);: A=0
    IF B$=" ." THEN PRINT"";
    RETURN
DATA" 2, 16, 13. 2, 26, 9, 17, 22.
17, 1. 20, 13, 9, 4, 17, 22, 15. 14,
23, 26. 1, 16, 9, 22, 15, 16, 9, 17.
2, 23, 21, 23, 26, 26, 23, 5, 8"
DATA" 7. 21, 7, 17, 6. 7. 1, 13, 19,
10, 2. 18, 25, 9, 3. 25. 18, 16, 7,
14. 18, 13. 18, 6, 3. 11, 13, 13,
12, -2"
```

【运行结果】

THE TRAIN IS LEAVING FOR SHANGHAI TOMORROW

I WISH I COULD TAKE A TRIP TO THE MOON

农夫过河

一个农夫带着一只狼、一只羊和一棵白菜过河。河边只有一条小船，由于船太小，每次只能装下农夫和他的一样东西，在无人看管的情况下，狼要吃羊，羊要吃白菜。请你设计一个程序，由计算机帮助农夫解决过河问题。即农夫如

何过河，才能使狼、羊、白菜都安然无恙。

【问题分析】

这是一道古老的智力思考题，也是特殊类型的逻辑判断题。为了能用计算机来解题，首先，要把实际问题数字化。用1代表狼，用2代表羊，用3代表白菜。这样，我们就可以分析在河两岸的各种情况了。

在河的两岸，狼、羊、菜的分布无非有以下8种可能：

物体个数	0	1			2			3
分布情况	0	1	2	3	1，2	1，3	2，3	1，2，3
代码之和	0	1	2	3	3	4	5	6

↓　　　　↓
相克　　相克

我们用 B 数组表示河一岸的状态，用 C 数组表示河对岸的状态。

令：$A=B(1)+B(2)+B(3)$ 为 B 岸特征之和；

$D=C(1)+C(2)+C(3)$ 为 C 岸特征之和。

从上表可知，A 和 D 的值无非取0，1，2，3，4，5，6。

当 $A=3$ 或 $A=5$ 或 $D=3$ 或 $D=5$，均属于相克之物在一起的情况，过河时应避免这种情况出现；其余情况均为相容之物在一起，可以安全过河。

【程序清单】

```
REM  —— 农夫过河 ——
DIM  B(3), C(3)：F=0：A=0：D=0：
F$="农夫"
FOR  I=1  TO  3：READ  A$(I)：NEXT  I
DATA  "狼","羊","菜"
FOR  I=1  TO  3：B(I)=I：C(I)=0：NEXT  I
1：FOR  I=1  TO  3
    IF  B(I)=0  THEN  2
    F=B(I)：B(I)=0
    A=B(1)+B(2)+B(3)
    IF  A=3  OR  A=5  THEN
B(I)=F：GOTO  2
    GOSUB  5：PRINT  "→"；F$；  "  "；：
GOSUB  6
    C(I)=F：IF  A=0  THEN  END
    D=C(1)+C(2)+C(3)
    IF  D=3  OR  D=5  THEN  GOSUB
3：GOTO  2
    GOSUB  5：PRINT  "←"；F$；"  "；：
GOSUB  6
2：NEXT  I：GOTO  1
3：REM  ——
    FOR  J=1  TO  3
    IF  J=I  OR  C(J)=0  THEN  4
    F=C(J)：C(J)=0：GOSUB  5
    PRINT  "←"；F$；"  "；  A$(J)；：
GOSUB  6：B(J)=F
4：NEXT  J：RETURN
5：REM  —— PRINT
    P=P+1：PRINT  "(";  P  ;")";
    FOR  K=1  TO  3
    IF  B(K)=0  THEN  PRINT  "  "；
    PRINT  A$(B(K));"  "；
    NEXT  K：PRINT" |";：RETURN
6：REM  ——
    PRINT  " |"；
    FOR  K=1  TO  3
    IF  C(K)>0  THEN  PRINT
A$(C(K));"  "；
7：NEXT  K：PRINT：RETURN
```

【程序运行结果】

```
(1) 狼  菜 |→农夫  羊 |
(2) 狼  菜 |←农夫    |羊
(3) 狼    |→农夫  菜 |羊
(4) 狼    |←农夫  羊 |  菜
```

(5)　　羊　|　→农夫　狼　|　菜
(6)　　羊　|　←农夫　　　|　狼　菜
(7)　　　　|　→农夫　羊　|　狼　菜

螺旋方阵

请你设计一个程序，对于从键盘输入的N，打印出一个N阶向内逆时针螺旋方阵。例如，当$N=5$和$N=6$时，逆时针螺旋方阵如下图所示：

1	16	15	14	13
2	17	24	23	12
3	18	25	22	11
4	19	20	21	10
5	6	7	8	9

5阶向内螺旋方阵

1	20	19	18	17	16
2	21	32	31	30	15
3	22	33	36	29	14
4	23	34	35	28	13
5	24	25	26	27	12
6	7	8	9	10	11

6阶向内螺旋方阵

【问题分析】

我们先来分析一下螺旋方阵中数字排列的一些规律。

首先，把整个螺旋方阵按如图所示的方式划分成若干层，每一层又划分成四块。

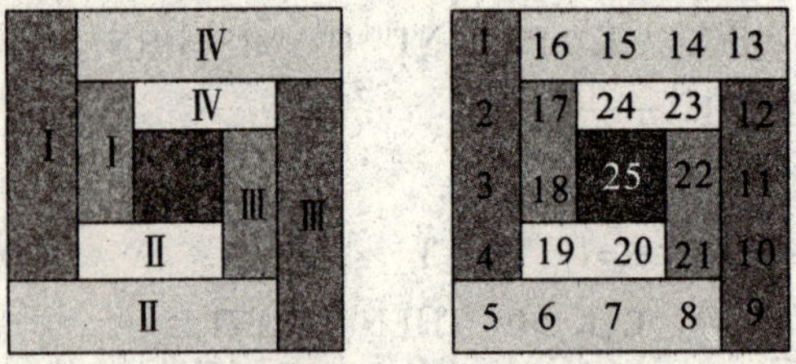

把螺旋方阵划分成若干个小方块

下表列出了当$N=5$和$N=6$时每层每块中数字变化的规律：

如果设螺旋方阵的阶数为N，则

每一块中数字的个数与它所在的层有关。在外层中每块数字的个数是$N-1$个，里面各层每次递减2，直到减到1为止。

	I	II	III	IV	数的个数
外层	1~4	5~8	9~12	13~16	4
中层	17~18	19~20	21~22	23~24	2
内层	25				1

	I	II	III	IV	数的个数
外层	1~5	6~10	11~15	16~20	5
中层	21~23	24~26	27~29	30~32	3
内层	33	34	35	36	1

在同一层中，四块数字之间是有关联的。每一块起始的数字正好形成一个等差数列。

第一层：1，5，9，13

第二层：17，19，21，23

我们只要能找到每一块的起始坐标，然后依次往单元格里填数就可以了。

每一块的坐标变化规律为：

	行	列
第一块	I	M
第二块	M+N	I
第三块	Q-I+1	M+N
第四块	M	Q-I+1

【程序清单】

```
REM ——螺旋方阵——
INPUT "Q=";Q: DIM  A(Q+1, Q+1)
N=Q-1: M=0: A=0
WHILE  N>0
  M=M+1
  FOR I=M  TO  M+N-1
    A=A+1: A(I, M) =A: A(N+M, I)
    =A+N
    A(Q- I+1, M+N) =A+2*N
    A(M, Q- I+1) =A+3*N
  NEXT  I
A=A+3*N: N=N- 2
```

74

```
WEND
IF  Q/2<>Q\2  THEN  A(M+1, M+1)
=Q*Q
FOR I=1  TO  Q
  FOR J=1  TO  Q
    L=LEN(STR$(A(I, J)))
    PRINT  SPC(4- L); A(I, J);
  NEXT  J
  PRINT
NEXT  I
END
```

哪个湖最大

四个学生上地理课时，回答我国四大淡水湖的大小时这样说：

甲说："洞庭湖最大，洪泽湖最小，鄱阳湖第三。"

乙说："洪泽湖最大，洞庭湖最小，鄱阳湖第二，太湖第三。"

丙说："洪泽湖最小，洞庭湖第三。"

丁说："鄱阳湖最大，太湖最小，洪泽湖第二，洞庭湖第三。"

对于每个湖的大小，每个学生只答对了一个，请计算机来帮助判断这四个湖的大小。

【问题分析】

（1）为了叙述上的方便，我们令A代表洞庭湖、B代表洪泽湖、C代表鄱阳湖、D代表太湖。

（2）由于已知对于每个湖的大小，每个学生只答对了一个，所以对应于每个学生的回答，应该有下列一组逻辑表达式成立。

甲：(A=1) + (B=4) + (C=3) =-1

乙：(B=1) + (A=4) + (C=2) + (D=3) =-1

丙：(A=3) + (B=4) =-1

丁：(C=1) + (D=4) + (B=2) + (A=3) =-1

（3）但仅仅用这四个条件还不能唯一确定各个湖的大小，为了避免重复，还需要用下面的条件加以限制：A×B×C×D=24。

用这个思路编制的程序有三个特点：程序短、易理解、速度快。

【程序清单】

```
REM  ——四大淡水湖——
FOR  A=1  TO  4
  FOR  B=1  TO  4
    IF（A =3）+（B =4）<>-1  THEN
GOTO  2
    FOR  C=1  TO  4
    FOR  D=1  TO  4
    X=（A=1）+（B=4）+（C=3）
    Y=（B=1）+（A=4）+（C=2）+
（D=3）
    Z=（C=1）+（D=4）+（B=2）+
（A=3）
      IF  X <>-1  OR  Y <>-1  OR
Z<>-1  THEN  1
      IF  A*B*C*D<>24  THEN  GOTO
1
      PRINT " A  B  C  D"
      PRINT  A;"  "; B;"  ";
C ;"  "; D
1:    NEXT  D
    NEXT  C
2:    NEXT  B
NEXT  A
END
```

【运行结果】

A	B	C	D
2	4	1	3

分牛的故事

从前有一位老人，他有三个儿子。老人临去世时，把三个儿子叫到床前，对他们说："家里一共有17头牛，是我留给你们的遗产。我死了以后，大儿子可得整个遗产的二分之一，二儿子可得整个遗产的三分之一，三儿子可得整个遗产的九分之一。但有一个条件，就是不许杀死牛。"说完这些话老人就去世了。三兄弟面对17头牛不知如何分配，正在为难之际，恰好有一位智者牵着一头牛从这里路过。他听了三兄弟的诉说之后，把自己牵来的那头牛同三兄弟的17头牛放在一起，这样一共就有18头牛了。然后，他开始给三兄弟分配遗产：老大分到了9头牛（$\frac{18}{2}$），老二分到了6头牛（$\frac{18}{3}$），老三分到了2头牛（$\frac{18}{9}$），最后还剩下一头牛，智者又把它牵走了。

分牛的故事采用先加一后减一的办法巧妙地解决了遗产分配问题。我们把此题记作（$\frac{1}{2}$，$\frac{1}{3}$，$\frac{1}{9}$，17）。现在要问，还有没有其他类似这样的问题，也可以用先加一后减一的方法来解决？如果有，有几个？是由哪几个数组成的？请编程解决分牛问题。

【问题分析】

数学爱好者们都知道，这是一个经典的数学题目。但许多数学书中只给出了其中的一种可能（$\frac{1}{2}$，$\frac{1}{3}$，$\frac{1}{9}$，17），现在，我们要用计算机找出所有满足条件的情况。

（1）设老人有 K 头牛，老大可以分到遗产的 $\frac{1}{X}$，老二可以分到遗产的 $\frac{1}{Y}$，老三可以分到遗产的 $\frac{1}{Z}$。

（2）由题目可知：$X<Y<Z$。

（3）根据题意，列出方程：

$$\frac{K+1}{X}+\frac{K+1}{Y}+\frac{K+1}{Z}=K$$

这实际上是一个四元一次不定方程求正整数解的问题。对上式稍加整理，可得：

$$K=\frac{XY+YZ+XZ}{XYZ-(XY+YZ+XZ)}$$

用计算机解决这一类问题时，一般采用穷举的方法，在一个适当的范围内，找出所有满足 $K=\frac{XY+YZ+XZ}{XYZ-(XY+YZ+XZ)}$ 是一个正整数这一条件的自然数 X、Y、Z。

【程序清单】

```
REM  —— 分牛的故事 ——
FOR  X=2  TO  5
  FOR  Y=X+1  TO  10
    FOR  Z=Y+1  TO  20
    P=X*Y+Y*Z+X*Z
    Q=X*Y*Z-P
    IF  Q<=0  THEN  GOTO 1
    K=P / Q
    IF  K=INT(K)  THEN  GOSUB 2
1:    NEXT  Z
  NEXT  Y
NEXT  X
END
2: REM  ——子程序——
T=K+1: D1=T \ X: D2=T \ Y: D3=T \ Z
D=D1+D2+D3
IF  D=K  THEN  PRINT  " (1 /"; X ;",
1 /"; Y ;", 1 /"; Z ;","; K ;")"
```

RETURN

【运行结果】

(1／2, 1／3, 1／7, 4 1)

(1／2, 1／3, 1／8, 2 3)

(1／2, 1／3, 1／9, 1 7)

(1／2, 1／3, 1／12, 1 1)

(1／2, 1／4, 1′／5, 1 9)

(1／2, 1／4, 1／6, 1 1)

(1／2, 1／4, 1／8, 7)

八、多媒体

什么是多媒体

是能对多种载体（媒介）上的信息和多种存储体（媒质）上的信息用计算机进行采集、存储、编辑、显示、传播等综合处理的技术。多媒体是英文单词"Multimedia"的译文，其产生于20世纪80年代初。多媒体是在计算机控制下把文字、声音、图形、图像、动画和电视等多种类型的媒体混合在一起的大众信息交流和传播工具。从字面上看，多媒体似乎是由单媒体相加而成的，事实上，多媒体的"多"是指多种媒体的表现，多种感官作用，多种仪器设备，多学科交汇，多领域应用；多媒体的"媒"是指人们与客观世界的中介；多媒体的"体"是指其综合集成一体化，包括多种信息及其关系的信息流一体化、设备控制一体化，并具有实时交互控制环境。可以看出，多媒体具有多种含义，它有时指技术，有时也指媒体本身。总之，无论多媒体如何定义，它需要包含两层含义，一是它代表多种媒体信息的复合；二是它是以数字技术为基础，融合通信、传播和计算机技术对多种媒体信息进行处理的综合技术。

多媒体计算机标准

多媒体计算机一般由4个部分构成：多媒体硬件平台（包括计算机硬件、声像等多种媒体的输入输出设备和装置）、多媒体操作系统、图形用户接口和支持多媒体数据开发的应用工具软件。随着多媒体计算机应用越来越广泛，在办公自动化领域、计算机辅助工作、多媒体开发和教育宣传等领域发挥了重要作用。

多媒体地图

多媒体地图是采用先进的地理信息系统（GIS）、多媒体、三维动画和超文本技术，图、文、声、像、三维动画一体的一种计算机软件。内容可以包含街道详图、航空影像图，以及地形、气候、旅游、社会经济、历史变迁和设施分布等专题地图，全面反映了一个地区的自然地理、人文景观、城市设施和社会经济状况。

与传统地图相比，多媒体地图往往有很大的信息量，并且拥有空间分析功能，可以进行地图的缩放、漫游、定位、查询、空间搜索、

地图输出、热点添加、三维漫游等。这些功能为使用者提供很多方便。比如说，要在一个城市的地图上找到一个具体的单位，常常费时费力，而在多媒体地图上，只要输入单位名称，很快就可以得到单位的位置，而且，还可以得到与该单位相关的一些信息。

多媒体地图还可以很方便地在Internet上发布。目前，很多网站都以数字地图为主索引，实现多媒体数据与空间信息的紧密联系与相互转换，把食、住、行、游、购、娱等商贸旅游的文字资料、多媒体信息与电子地图有机地结合在一起，完全实现图文互动相关检索。这些面向大众的地理信息系统，以数字地图为平台储存信息，实现图文信息双向查询，图文声像并茂，表现形式灵活多样。

虚拟现实

是指利用多媒体计算机技术生成的一个具有逼真的视觉、听觉、触觉及嗅觉的模拟现实环境，用户可以用人的自然技能对这一虚拟的现实进行交互体验，而用户体验到的结果与用户在相应的真实现实中的体验结果相似或完全相同。虚拟现实技术是目前计算机应用技术研究的主要热点之一，其应用于许多领域，如计算机游戏、电影制作、网络应用等。它使计算机在这些领域中的应用发生质的飞跃。虚拟现实常常是三维的，人可以漫游其间与之相互作用并使人沉浸在一个"真实"的环境中。由于人类是视觉动物，我们对空间三维图像的反应要比对平面二维图像的反应更好。有了虚拟现实产生的三维图像，我们便能更好地看清事物之间的关系和趋势。虚拟现实跨越了静止空间，它可以是某一特定现实环境的表现，也可

以是纯粹虚构的世界，其应用前景越来越广泛。

3D动画

也叫三维动画。是近年来随着计算机软硬件技术的发展而产生的新兴技术。三维动画软件在计算机中首先建立一个虚拟的世界，设计师在这个虚拟的三维世界中按照要表现的对象的形状尺寸建立模型以及场景，再根据要求设定模型的运动轨迹、虚拟摄影机的运动和其他动画参数，最后按要求为模型赋上特定的材质，并打上灯光。当这一切完成后就可以让计算机自动运算，生成最后的画面。

三维运动被广泛应用于医学、教育、军事、娱乐等诸多领域。三维动画可以用于广告和电影、电视剧的特效制作（如爆炸、烟雾、下雨、光效等）、特技制作（撞车、变形、虚幻场景或角色等）等方面。

多媒体软件的制作

在信息社会，多媒体技术的出现，使得原本"面无表情"、"死气沉沉"的计算机有了一副"生动活泼"的面孔。用户不仅可以通过文字信息，还可以通过直接看到的影像和听到的声音，来了解感兴趣的对象。

多媒体作品的适用范围，大体上有如下几个方面：

首先是用于在公共展览馆或博物馆等需要展示的场合。虽然多媒体演示很难替代人们去欣赏好的展品，但它能非常形象、直观地展示一个展品，人们可以通过多媒体的演示，形象

地了解展品，而不需要专人去讲解，或仅仅是看到简单的画面。利用多媒体展示，人们就可以从各个角度了解更多的知识，甚至可以不用去展览馆或图书馆就可以获得所需要的信息。

第二方面是用于教学领域。这是目前国内刚开始起步的领域，也是一个大有可为的领域。学校的教师通过多媒体，可以非常形象直观地讲述清楚过去很难描述的课程内容，学生也可以更形象地理解和掌握相应教学内容。除此以外，学生还可以通过多媒体自学、自考等。多媒体的辅助和参与使教学领域发生了很大的变化。

除学校外，各大单位、公司在培训在职人员或新员工时，也可以通过多媒体进行教学培训、考核等。这种方法非常形象直观，同时也可解决师资不足的问题。从某种意义上说，一张光盘可以替代一个甚至几个顶尖的老师。

第三方面是用于产品展示。以多媒体技术制作的产品演示光盘为商家提供了一种全新的广告形式，商家通过多媒体演示盘可以将产品表现得淋漓尽致；客户则可通过多媒体演示盘随心所欲地观看广告，不仅直观、经济、便捷，而且效果非常好。

第四方面是用于各种活动。开会是我们经常会遇到的，有时非常枯燥，试想如果事前将会议的内容制作成多媒体，有视频、音频、动画等非常形象的讲解，有谁还会感到枯燥呢？会后将会议的情况、花絮等制成多媒体纪念光盘加以保留，岂不更好？推而广之，各种活动都可以制作多媒体光盘，如家庭的婚丧嫁娶等值得保留的事件。

最后，自然是网上多媒体和游戏多媒体，它们本身就是多媒体的表现形式。

图像处理

利用计算机系统对以数字形式表现的图像进行特征提取、显示、重复、增强、交换、分割、存储和传输等处理。这些图像处理的目的主要是：①提高图像的视感质量；②从图像中提取某些特征，如频域特征、灰度颜色特征、边界特征、区域特征、纹理特征、形状特征、拓扑特征及其他特殊信息，为模式识别进行预处理；③进行图像数据的变换、编码和压缩，以利用图像的存储和传输。

计算机数字图像处理主要应用于以下领域：①数字通信中的图像传输、电视电话；②航空遥感、卫星遥感的图像处理；③医疗诊断中的CT、B超、X光等显微图像分析；④机器人视觉中获取图像的处理；⑤视频和多媒体系统中的图像处理；⑥工业生产过程中的产品质量检测、计算机辅助设计和辅助制造、生产过程的自动控制等；⑦军事、公安、档案部门的照片、文档、指纹、印迹的修复、辨识；⑧科学计算可视化中的数字图像处理，如流体力学计算中的三维流畅动态模拟。

JPEG标准

JPEG是最常用的图像文件格式，文件后缀名为".jpg"或".jpeg"。JPEG是一种有损压缩格式，能够将图像压缩在很小的储存空间，图像中重复或不重要的资料会因此丢失，因此容易造成图像数据的损伤。使用过高的压缩比例，将使最终解压后恢复的图像质量明显降低，因此如果追求高品质的图像，不宜采用过

高压缩比例。但是JPEG压缩技术十分先进，它用有损压缩方式去除冗余的图像数据，在获得极高的压缩率的同时能展现十分丰富生动的图像。

MIDI

是数字音乐文件。MIDI（musical instrument digital interface）是乐器数字接口的缩写，其首创于1982年，泛指数字音乐的国际标准，它是音乐与计算机结合的产物。MIDI不是把音乐的波形进行数字化采样和编码，而是将数字式电子乐器的弹奏过程记录下来，如按了哪一个键、力度多大、时间多长等等。当声卡或具有MIDI播放功能的"电子琴"、"合成器"等发声工具接收到这些数据后，会根据记录的乐谱指令，通过音乐合成器生成音乐声波，经放大后由扬声器播出。MIDI文件的效果与声卡的质量有关，其具有易编辑、声源受限、数据量很小的特点。一般情况下，10 kB大小的MIDI文件能播放约100分钟。

数据压缩

又称为数据精简。它是在原始数据本来就存在冗余的前提下为节省存储空间、减少传输时间而对原始数据进行的一种精简或压缩处理。例如：视频图像每一帧均要占用大量的存储空间，但相邻帧之间有很强的相关性，因此在存储或传输视频图像数据时只要保存或处理相邻帧之间不同的部分，即只要保存或处理前一帧发生了变动的部分；对于位图的图形数据，往往有大面积的空白区或大面积的相同颜色区域，这些都可以用少量代码来表示；对于文本文件而言，往往有很多相同的语句、短语或词汇，这些都可以用较短的代码代替。通过这些压缩手段（删除无效的间隙、空白，减少多余或不需要的数据，压缩记录或段的长度）可以大大减少数据的冗余度，但不影响数据所代表的内涵或功能。

对原始数据进行压缩后有利于存储和传输，但再一次使用该数据时应按一定的规则进行解压缩处理，还原（恢复）原始数据的本来面目。国际标准化组织（ISO）制定了一系列关于活动图像数据压缩的标准，如MPEG-1（moving picture experts group）、MPEG-2、MPEG-3、MPEG-4、MPEG-5等。

流媒体技术

流媒体技术也称流式媒体技术。所谓流媒体技术就是把连续的影像和声音信息经过压缩处理后放上网站服务器，让用户一边下载一边观看、收听，而不要等整个压缩文件下载到自己的计算机上才可以观看的网络传输技术。该技术先在使用者端的计算机上创建一个缓冲区，在播放前预先下一段数据作为缓冲，在网络实际连线速度小于播放所耗的速度时，播放程序就会取用一小段缓冲区内的数据，这样可以避免播放的中断，也使得播放品质得以保证。

扫描仪

扫描仪是一种输入设备，通过捕获图像并将之转换成计算机可以显示、编辑、储存和输出的数字化输入设备。照片、文本页面、图纸、美术图画、照相底片、菲林软片，甚至纺织品、标牌面板、印制板样品等都可作为扫描对象。

触摸屏

计算机或手机的一种输入设备，可提供简单、直观的输入方式。

当使用者用手接触到触摸屏表面时，它能检测到手指（或物体）触摸到屏幕的位置，并将此位置信息报告给机器以实现人机相互对话。

一般使用时，由应用软件将屏幕分成若干不同的区域，以标志选择菜单或一些提示信息。当用户的手指（或其他物体）触摸到显示器前的触摸屏，所触到的位置的坐标值被包含在所定义的某一菜单坐标范围内时，即表示用户选中了该菜单选项，用户的意图就传达给了机器。

触摸屏有红外式、电阻式、电容式、表面声波式和压力矢量式等多种类型。

九、计算机网络与数据通信

计算机网络

所谓计算机网络，是通过通信设备和线路将地理位置上分散且具有独立功能的多个计算机及附属设备按不同的结构连接起来，配以功能完善的网络软件（网络协议），能进行信息交换及网络资源共享的系统。

最简单的计算机网络

"地理位置上分散"是一个相对的概念，可以小到一个房间，也可以大到整个世界。"独立功能的计算机"是指网络上任何一台计算机都可以单独运行。计算机网络最大的好处是"资源共享"。简单地说，连在网络上的每一台计算机都可以方便地获取其他计算机上的共享资源。

TCP/IP协议

Internet是一个网络的网络，由世界上无数台计算机组成。这些计算机连接在一起必须有一个大家都认可的规定才可以实现，这个规定就是TCP/IP协议。它可以适应不同的主机、不同的网络底层协议和不同的操作系统，并将各种局域网、城域网、广域网和国家的主干网连接起来。

TCP/IP是用于计算机通信的一组协议，我们通常称它为TCP/IP协议族，它包含了上百个协议，而TCP和IP本身只是该协议中最重要的两个协议。

从协议分层模型方面来讲，TCP/IP由4个层次组成：网络接口层、网间网层、传输层、应用层。每个层次都有各自的协议，完成各自的任务。

其中网络接口层是TCP/IP软件的最底层，有各种底层网络协议，负责接收IP数据报并通过网络发送之，或者从网络上接收物理帧，抽出IP数据报，交给IP层。

网间网层负责相邻计算机之间的通信，主要协议有IP网间网协议、ARP地址解析协议和RARP逆向地址解析协议，以及用来控制数据报的传输速度的ICMP互联网控制信息协议。

传输层提供应用程序间的通信。主要协议有TCP传输控制协议和UDP用户数据报协议。

应用层向用户提供一组常用的应用程序，比如电子邮件、文件传输访问、远程登录、浏览网页等等。这些程序分别通过SMTP简单邮件传输协议、FTP文件传输协议、Telnet远程终端协议、HTTP超文本传输协议来实现，此外还有SNMP简单网络管理协议、DNS域名系统协议等等。应用层的协议是多样化的，这也说明Internet的应用是多样化的。

IP地址和域名

我国有十几亿人，仅靠名字是不可能区分每个人的，那怎么办呢？我们的解决办法是用身份证号码。同样道理，全世界有无数台电脑连在Internet上，为了区分这些电脑，我们必须给每台电脑一个不会重复的名字或号码，这就是IP网间协议地址号地址，简称为IP地址。

从IP协议的角度来看，IP地址是由4个8位二进制数字域组成，总长度为32位二进制数字，理论上可以产生40多亿个不同的IP地址。从用户使用的角度来看，该地址由4个用小数点隔开的十进制数字域组成，其中每个域的十进制数字取值在0~255之间，例如202.110.211.13。

由于IP地址是由一组数字组成，很难记住，而有一定含义的名字就好记多了，所以Internet还提供了DNS域名系统，这个系统可以使用字符串来识别所要连接的主机。这种字符串就是域名。域名通常由子域名、域类型和国家名码三部分组成，如www.sina.com.cn和www.bnu.edu.cn。

域类型分为教育（edu）、邮电网（net）、科研（ac）、团体（org）、政府（gov）、商业（com）、军队（mil）等类型。国家名码是每个国家的代号，由两个字母组成，如中国（cn）、英国（uk）、日本（jp）、澳大利亚（au）等等。

我们通过一个域名的这些信息就可以知道这个网站的功能和大致的服务项目，还可以知道这个网站所在的国家甚至是城市。这也方便了我们对域名的记忆。

IP地址和域名都可以表示一个网站或主机，他们只是形式上不同，在使用中，两者是等效的。

计算机网络的分类

根据计算机网络的覆盖范围，我们可以把网络划分为三大类。

1.局域网（LAN）

局域网通常局限在一个比较小的范围内，比如，一个房间内、一座楼房内或一个单位内部。学校的校园网就是一个典型的局域网。

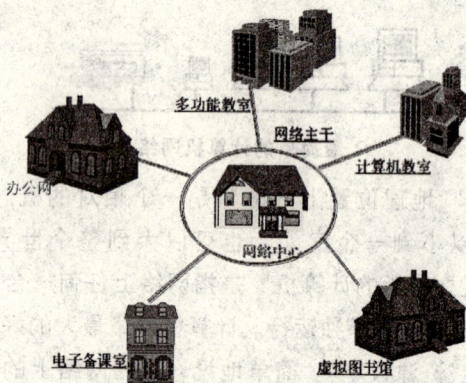

校园网是一个小型的局域网

2.城域网（MAN）

规模相对较大，一般覆盖一个地区或一座城市。

3.广域网（WAN）

顾名思义，广域网覆盖的地理范围比较大，一般为几十千米到几千千米，可以覆盖一个城市、一个国家、一个地区甚至全世界。因

特网是目前世界上最大的广域网。

因特网

因特网

因特网，又称国际互联网。是当今世界上最大的信息源，是全人类最大的知识宝库之一。它源于1969年美国国防部高级研究计划局的一个项目，这个项目的设计目标是在发生大规模战争时，能够方便地把不同规格的计算机系统连接起来形成网络，主要是通过称为"Arpanet"的网络把美国军事及研究用的计算机连接起来。

因特网把全世界的计算机都连接起来了

由于网上连接着不同的计算机，为了方便它们之间的通信，就必须制定一个使大家都能遵守的协议。1970年，著名的TCP/IP协议诞生了！网络发展的时机成熟了。在这个网络上的每台计算机都有一个唯一固定的地址，称为IP地址。计算机就是通过TCP/IP协议把一台计算机的信件、数据按照IP地址传送到另一台计算机上去。

1983年，国防部把这个网络分成军用和民用两部分，民用部分划归美国国家科学基金会管理，主要供科研及教学使用。在科学基金会的支持下，用高速线路把分布在各地的4个超级计算机中心连接起来，称为Nsfnet。随着局域网的发展，许多教育和科研机构纷纷接入这个网络，使其规模逐渐扩大，到了1989年，这个网络更名为"Internet"，此时连接在网上的计算机大约有30万台，并入"Internet"的子网有2 000多个。

20世纪90年代中叶的Internet已是一个把众多网络连接在一起的国际性网络，连接全球4万多个网络，380多万台主计算机，这些网络都采用TCP/IP通信协议，全球已有154个国家和地区通过该网互通电子邮件。

真正促使Internet快速发展的是WWW网（万维网）的出现以及超文本传输协议（HTTP）的实现。如今WWW网是Internet上最吸引人的一道景观。

在Internet这个虚拟的网络世界里，你能够拥有许许多多的朋友，可以得到大批免费资料，找到有关数学、物理、化学、天文学、生物学、地理学等学科的专用资料。总之，这里就像一个浩瀚无边、包罗万象的知识海洋，取之不尽，用之不竭。

用因特网可以做什么

利用因特网，我们能做的事情可多了。比如，利用因特网通信，在网上查阅资料，看新闻，看天气预报，订飞机票，购物，看病，上网校学习，听音乐，看电影，玩游戏等。最重要的是网上资源可以共享，全球每一个角落的人都能通过因特网查阅全世界各地的电子图书，享受图文声并茂的多媒体信息服务。因特网不仅是一个人类智慧知识的宝库，更是一个互相认识与交流，进行许多社会活动的虚拟社区，在这里，我们可以随时与远在大洋彼岸的朋友联系。因特网可以带给我们一个全新的、快乐的天地。在这里，还有太多太多的新奇在等待着你。

网上新闻

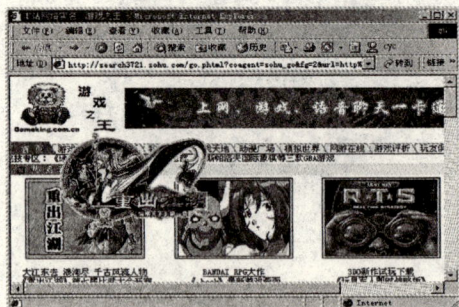

网上游戏

网上购物

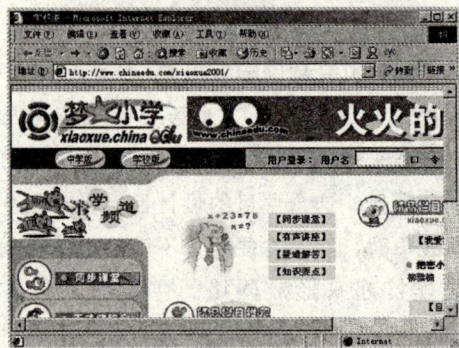

上网校

搜索引擎

人们经常把WWW比喻成一个世界上最大的图书馆，其中蕴涵着丰富的资源。如何方便快捷地在这个"图书馆"里找到我们所需要的信息呢？这就需要使用搜索引擎。

搜索引擎是对在因特网上进行信息搜索时使用的各种搜索工具的专业称呼。利用搜索引擎，可以使我们快速地找到我们希望查找的信息。

就像在图书馆中人们通过各种图书的编目和索引找到所需要的书籍编号，然后请图书管理员根据编号将书找出一样，在因特网上，统一资源定位符（URL）起着编号的作用，我们可以利用搜索引擎查找到所有的URL，从而找到相应的网址。常用的搜索引擎有：

百度：www.baidu.com

搜狗：www.sogou.com

有道：www.youdao.com

GOOGLE：www.google.com.hk

分类搜索

搜索网站一般都设有分类栏目。在查询信息时，如果我们大概知道要搜索的信息属于哪一类，就可以利用分类搜索的方式来搜索信息。

搜狐网站的分类搜索

关键字搜索

除了分类检索之外，我们还可以按关键字来检索。搜索引擎就会在因特网上查找输入的关键词，显示满足要求的URL列表，列表中的每一项都有自己的链接，单击该链接就可以查看相匹配的WWW网页。

下载并保存网页

将网页"波音飞机"保存在自己的电脑里。

介绍波音飞机的网页

（1）在IE中打开要保存的网页；

（2）单击"文件"菜单下的"另存为"命令；

（3）在弹出的"保存网页"对话框中，给文件起一个名字，并在"保存类型"中选择"网页，全部"；

（4）单击 保存(S) 按钮，就可以把网页中的图片和文字全都保存下来了。

选择"另存为"命令

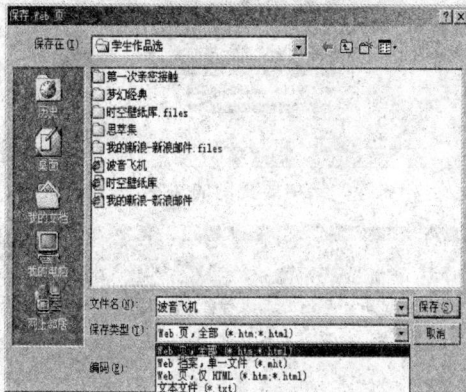

在保存类型里选择"web页，全部"

下载并保存文章

将"童趣"网中介绍牡丹花的文章保存在自己的电脑里。

网页中介绍牡丹花的文章

(1) 打开IE浏览器，进入WWW世界；

(2) 用鼠标选中一篇你喜欢的文章；

(3) 单击鼠标右键，在弹出的快捷菜单中选择"复制"命令；

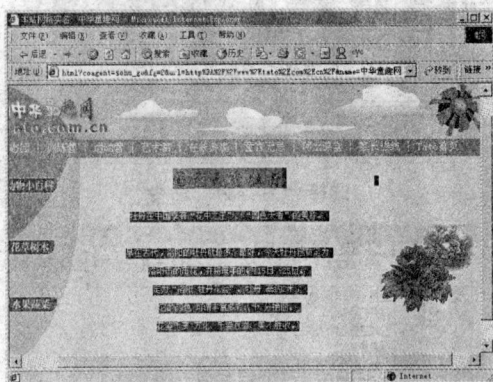
选中要复制的文字

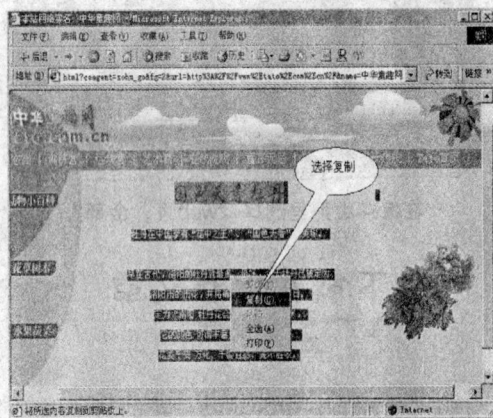
单击鼠标右键，选择"复制"

(4) 打开Word软件，创建一个空白文档；

(5) 在空白处单击鼠标右键，在弹出的快捷菜单中选择"粘贴"；

(6) 文章被粘贴到Word中；

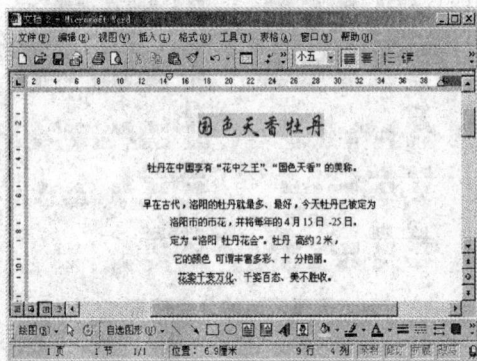
文章粘贴到 Word 里

(7) 单击工具栏中的 图标，在弹出的对话框中输入文件名；

(8) 单击按钮 保存(S) ，你喜欢的文章就保存好了。

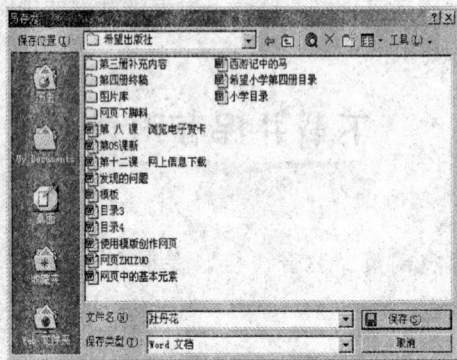
保存文件

下载并保存图片

将网页中金丝猴的图片保存在自己的电脑里。

(1) 用鼠标选中要保存的图片；

（2）单击鼠标右键，在弹出的快捷菜单中选择"图片另存为"命令；

（3）在弹出的"保存图片"对话框中指定保存的位置和名称，并单击 保存(S) 按钮，这张图片就保存好了。

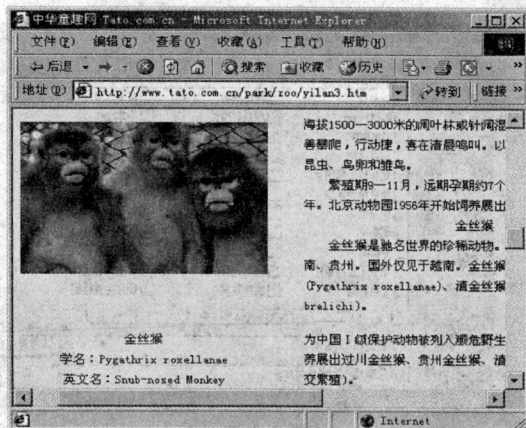

网页中的图片

保存图片的过程

下载并保存音乐

从网上下载动听的音乐。

（1）打开一个音乐网站，选择一首动听的音乐；

（2）在要保存的音乐文件图标上面单击鼠标右键；

（3）在弹出的快捷菜单中选择"目标另存为"命令；

（4）给音乐文件起一个名字，单击 保存(S) 按钮。

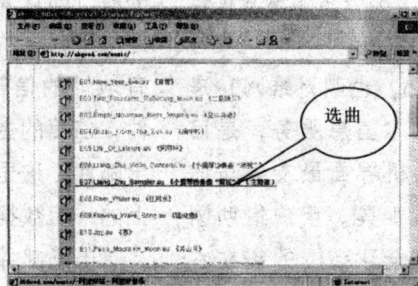

在音乐网站上选择一首乐曲

选择"目标另存为"命令

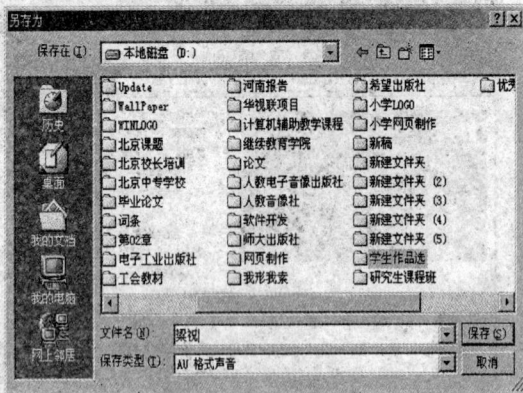

保存音乐文件

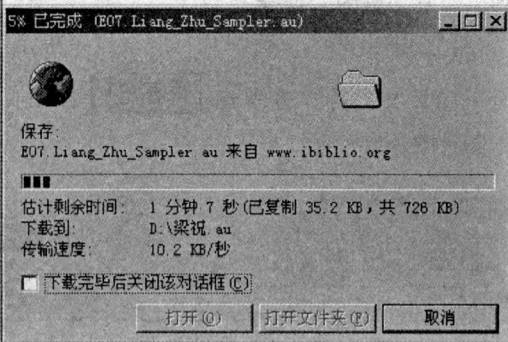

下载音乐的过程

WWW

随着计算机网络技术的不断发展，网络在社会生活中的地位越来越重要了，它是知识经济时代最具发展潜力的大众传媒。它打破了时空的限制，打破了传统的地域政治、地域经济、地域文化的概念，形成了以传播信息为中心的跨国界、跨文化、跨语言的全新传播方式。它不断地更新人们的观念，丰富着人们获取信息的手段，影响着人们的生活和工作方式。与此同时，在网络文化中最为常见的WWW也越来越深入人心，那么究竟WWW是什么意思呢？

WWW（world wide web，也叫万维网）是全球范围的多媒体与超文本信息服务，是目前在Internet互联网上，人机界面最友善与信息查询最方便的一类导航工具。用户借助浏览器浏览网页，它提供了全球范围的超文本（与超媒体）的信息查询和导航服务。WWW以其表现力丰富、易学易用的优势取胜，成为Internet应用的主流。简单地说，超文本是带有指针链接的文本。在WWW系统中，通过

"指针链接"可以从一个文档的一部分或全部导向另一个文档的一部分或全部。有了WWW，才有了丰富多彩、资源齐备、使用方便的Internet。

电子邮件

电子邮件（E-mail）是建立在计算机网络上的一种通信形式。计算机用户可以利用网络传递电子邮件，实现相互通信。电子邮件可在计算机局域网上进行，也可在计算机广域网上进行。进行电子邮件通信，必须在网络文件服务器（即计算机）上建立电子邮件的邮局。它是电子邮件的中心集散地，可为每个用户设置有地址的信箱。别人可向该信箱发送电子邮件，信箱的主人则可在方便上网时从信箱中取出邮件。这里的邮局实际上是网络文件服务器上的一组数据库文件。

电子邮件具有一定的格式。以目前世界上广泛应用的国际互联网Internet的电子邮件格式为例，它由三部分组成：信头、信体和签名区，见图。

to：邮件的收信人地址 from：邮件的发信人地址 subject：邮件的主题词
（信件内容） 结束标志
签名区

登录到自己的邮箱

当我们拥有了一个邮箱之后，就可以用它来收发电子邮件了。在收发电子邮件之前，首先要登录到你的邮箱中才能进行各项操作。

（1）打开IE浏览器，在地址栏中输入邮件服务器网址并按回车键。

（2）在登录界面中填写用户名和所设置的密码。

（3）单击登录按钮。

（4）正常登录后的邮箱界面如图所示。完成登录后，就可以使用你的邮箱收发电子邮件了。

电子邮箱界面

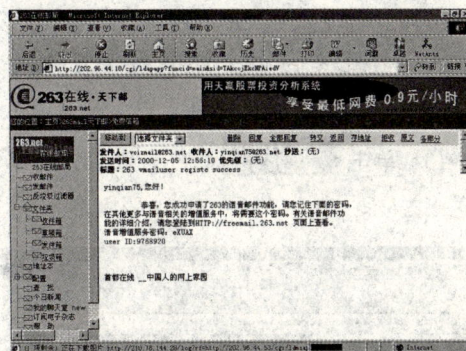

阅读信件并回信

（1）单击屏幕左部的"收邮件"超链接，

屏幕上出现如图所示的窗口。

（2）在该窗口的右部为收件箱中所有的邮件，没有查看过的新邮件前面会有一个绿色的三角符号，而且发件人的邮件地址为蓝色的超链接。

（3）如果邮件已经被查看过，则该邮件前面的绿色三角符号消失，而且发件人的邮件地址变为紫红色的超链接。

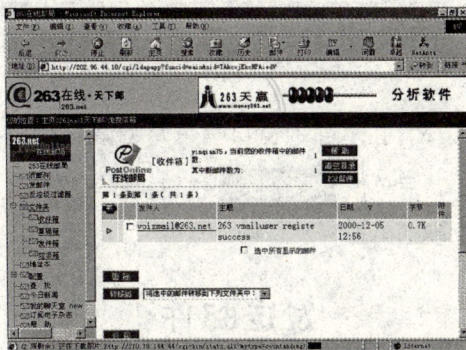

收邮件界面

（4）单击发件人对应的地址来查看信件的内容，屏幕上会出现如图所示的窗口。

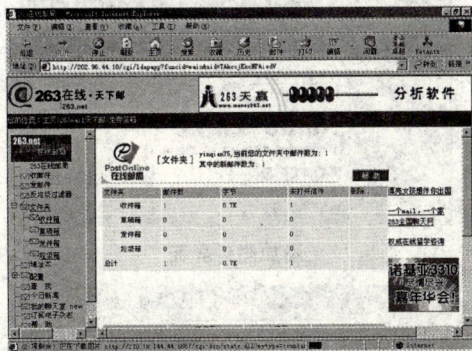

查看邮件内容界面

（5）在该窗口中查看邮件的内容，并能够通过窗口上部的多个超链接决定执行哪种操作。如果希望回复该邮件，可以单击"回复"超链接，屏幕上弹出如图所示的回复信件窗口。

回复邮件界面

（6）在下部的窗口里填写回复信件的内容，然后单击 **发送** 按钮，即可将回复的信件发送出去。

发送邮件

要想发送邮件，可以按下面的步骤操作：

（1）单击邮箱左窗格里的"发邮件"超链接，屏幕上出现如图所示的窗口。

（2）在该窗口中分别填入"收件人"、"主题"和发送的信息等内容。

（3）单击 **发送** 按钮，就可以将邮件发送出去了。

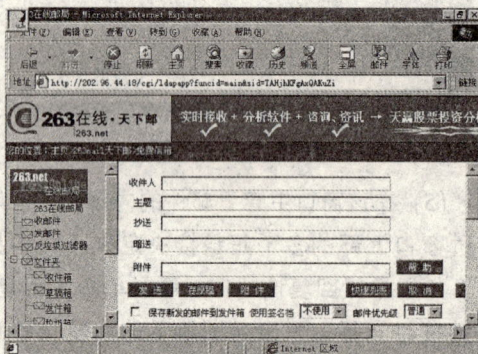

发送邮件界面

发送带有附件的邮件

如果要在邮件中添加附件，可以按下面的方法操作：

（1）单击窗口中的 **附件** 按钮，屏幕上会弹出如图所示的界面。

（2）单击 **浏览...** 按钮，在出现的窗口中选择要添加的文件，单击打开按钮。

（3）单击 **粘贴** 按钮，将所选中的文件粘贴到邮件中。

（4）如果希望添加多个附件到该邮件中，可以在粘贴完第一个附件后，再重复上述过程粘贴第二个附件。

（5）所有附件都粘贴完毕后，单击 **完成** 按钮返回发送文件的界面。

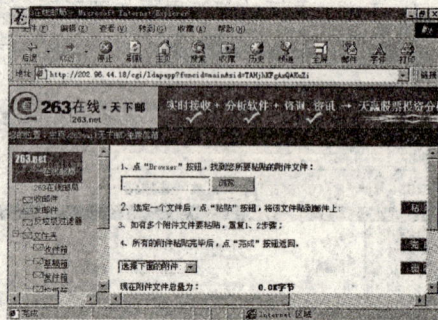

添加附件界面

附件所在的文件夹

(6) 单击发送界面中的 发送 按钮，将邮件发送出去。

电子公告板（BBS）

BBS（bulletin boards system的缩写）就是电子公告板系统，它是一种多人参加的讨论会形式的网上应用，是与现实世界不同的另一个奇妙虚幻的世界。它不同于新闻组，也不同于Netmeeting，它属于实时多用户集中式的纯文字网络通信。目前，随着Internet的发展，BBS被归并到web之中，也就是通常说的论坛，可以通过浏览器（如IE）进行访问。

BBS在网上非常流行，一些ISP主办固定专题的BBS，一些名人则举办临时BBS与公众进行网上交流。上网用户可以注册成为BBS成员，在这里，你可以通过讨论、聊天结交到一群志同道合的好朋友，你可以与天下的众多高手切磋各种学术问题，以"笔名"发表具有主题和内容的文章，而属于这个世界的每一个公民展现在这里的就只有一个ID（标志）而已。你可以完全不用理会藏在ID后面的人的年龄、长相、职业等，只要性格相投，就可以成为好朋友。非成员的用户也可以进入BBS讨论区查看BBS的全部内容。

每个BBS都有一个主持人，他负责全面管理BBS的用户和文章，也可以参加成员的讨论，同时他还有一项特殊的权力，那就是他可以禁止某个成员参加讨论，也可以禁止某篇文章的发表，所以每个成员都要注意遵守规范。所谓规范就是说每个成员在发表意见和讨论问题时，要尊重主持人的意见，自觉维护BBS的宗旨，而且要求发表个人观点要遵循适度原则，发表的文章要有社会责任感，否则会对社会造成伤害，同时也会对BBS的存在和发展造成伤害。

一般用户通过BBS可以了解大众的心理、社会的现状，还可以提高自己的文字表达能力和知识见闻。

网上购物

近年来，随着上网热的兴起，一种新型的购物方式——"网上购物"开始兴起。"网上购物"已成为很多人日常生活的一部分。人们在屏幕上可以看到商品的外观、介绍和价格，真正可以做到购物不出门。电子商务将是21世纪商业社会最显著的特征之一。

让我们一起来认识网上超市——当当网上书店吧。

(1) 打开IE浏览器，在地址栏输入当当网上书店的地址：book.dangdang.com。

(2) 按回车键，屏幕上出现当当网上书店的页面（如下图所示）。

网上超市

(3) 选择自己感兴趣的书加入购物车。

(4) 选择完书后按网站的要求进行结算，就完成了网上购物的全过程。

远程会议

远程会议可以通过网络实现不同地点的人员相互进行直接对话，并且进行现场真实情况的转播，还可以通过网络将视频、音频、文档以新闻的形式双方进行探讨。如果您在美国由于特殊原因而不能回国参加公司的会议，这时只要您的电脑有电，而且有网线、摄像头就可以上网与国内公司进行面对面的谈话，并且可以了解到会议的全部信息。如此，无论人们相隔多远，只要将这样的多台电脑进行互联，就可以召开会议。

远程会议可以在很大程度上节省人力、物力、财力、时间和交通的费用，提高办事效率，特别是对异地的办事机构进行会议交流、服务等有极大的作用。

远程教育

网络正在改变着我们的生活，甚至由"e-life"发展到"e-everything"。远程教育的含义也在发生着改变，网络的加入，使得利用多媒体辅助教学的模式蓬勃发展，可以预见未来将是一个网络化的远程教育。

在信息时代，新知识和新技术飞速发展，我们为了跟上时代的步伐，必须不断更新自己的知识。但由于快节奏的生活方式，人们不可能有时间坐在学校里完成学业，这时传统的远程教育出现了。但与传统的学校教育相比，它的缺点不言而喻：交互性差，不能及时反馈学生的情况。随着因特网的发展，网上学校应运而生，在这里，教师和学生可以从网上数据库中得到学习材料。学生不必往返于学校和家庭之间，学生的作业、实验报告、论文甚至于考试都可以通过E-mail来完成，疑难问题可以通过视频和声音等多媒体设备进行。它最大的优点就是打破传统的以讲授为主的授课形式，给学生更多获取知识的时间和空间，使学生可以自由探讨新知识。

网上教学的最大特点是把以前的被动式的灌输转变为主动式的汲取。以往的教学方式是以教师为中心的灌输式教学，学生接受知识是被动的。现在学生们可以在网上学校中充分利用网上资源，如网上图书馆、习题库、优秀教师的教案等，在计算机面前主动地求知。对于同一个问题，学生可以通过不同的途径，寻找不同的论据，得到有差异的答案，从而达到一个新的认识深度，学会解决问题的办法。

网上学校

网上学校是利用现代网络的手段和信息技术，以多媒体交互式的特征，远距离、快速度、高质量地传送教学声像、图文和数据，从而实现教学目的的一种新型教学模式。其特点是通过对某个特定内容的讲授，达到某种要求。网上学校一般对所传授的内容都要精心选择，准备较为系统的学习资料。大部分网上学校都是由商业机构开设的，需要收费。当然网上学校也因为其特殊形式而具有优势和局限。

优势：网上学校突破了时间与地点的限制，极大地方便了学习者。同时，网上学校还可以培养特长，扩大视野。很多学校还开设了丰富多彩的第二课堂栏目，包括计算机知识、文学制作等。网上学校为学习者提供了比较宽松的学习环境，有趣的学习氛围，可以大大地

提高个人素质。

局限：网上学校的涉及面较窄，还不可能实现因材施教，比起面对面的教学形式缺少灵活性。

远程会诊

远程医疗会诊指在医学专家和病人之间通过网络建立起联系，病人在原地、原医院可接受远地专家的会诊并在其指导下进行治疗与护理。这样，可以节省医生和病人大量的时间和金钱。目前，远程医疗会诊已经走向了应用的阶段。

远程会诊系统还可以实现对医疗数据的采集、存储和管理，异地医院数据的共享，实时对远程手术的指导，会诊和学习等。

调制解调器

它是在发送端通过调制器将数字信号转换为模拟信号，而在接收端通过解调器再将模拟信号转换为数字信号的一种装置。

计算机内的信息是由"0"和"1"组成的数字信号，而在电话线上传递的却只能是模拟信号。于是，当两台计算机要通过电话线进行数据传输时，就需要一个设备负责数字信号和模拟信号之间的转换。这个数模转换器就是调制解调器。计算机在发送数据时，先由调制解调器把数字信号转换为相应的模拟信号，这个过程称为"调制"。经过调制的信号通过电话载波传送到另一台计算机之前，也要经由接收方的调制解调器负责把模拟信号还原为计算机能识别的数字信号，这个过程称为"解调"。正是通过这样一个"调制"与"解调"的数模

转换过程，从而实现了两台计算机之间的远程通信。

子网掩码

互联网是由许多小型网络构成的，每个网络上又连接许多主机，这样便构成了一个有层次的结构。为了通信方便，给网络中的每台主机事先分配一个能唯一找到该主机的标志地址，这就是IP地址。为便于IP地址的寻址操作，根据TCP/IP协议，每个IP地址由32位二进制数组成，分成网络号和主机号两部分。但是如何从一个IP地址中判断出这个地址的子网号，使路由器能够更有效地了解内部网络中各子网的结构，以实现子网之间的数据转发，这就用到了子网掩码。通过子网掩码可以判断两个需要通信的主机是否需要经过网络转发，如果两个要通信的主机在同一个子网内，就可以直接通信，如果两个需要通信的主机不在同一个子网内，则需要寻找路径进行通信了。

子网掩码的设定必须遵循一定的规则。与IP地址相同，子网掩码的长度也是32位，左边是网络位，用二进制数字"1"表示；右边是主机位，用二进制数字"0"表示。只有通过子网掩码，才能表明一台主机所在的子网与其他子网的关系，使网络正常工作。A类IP地址的默认子网掩码为255.0.0.0，B类IP地址的默认子网掩码为255.255.0.0，C类IP地址的默认子网掩码为：255.255.255.0。

端　口

在网络技术中，端口（port）有好几种意

思。集线器、交换机、路由器的端口指的是连接其他网络设备的接口，如RJ45端口、Serial端口等。我们这里所指的端口不是指物理意义上的端口，而是特指TCP/IP协议中的端口，是逻辑意义上的端口。

那么TCP/IP协议中的端口指的是什么呢？如果把IP地址比作一间房子，端口就是出入这间房子的门。真正的房子只有几个门，但是一个IP地址的端口可以有65 536（即256×256）个之多！端口是通过端口号来标记的，端口号只有整数，范围是从0到65 535（256×256-1）。

ADSL宽带

ADSL因为上行（用户到电信服务提供商方向，如上传动作）和下行（从电信服务提供商到用户的方向，如下载动作）带宽不对称（即上行和下行的速率不相同），因此称为非对称数字用户线路。它采用频分复用技术把普通的电话线分成了电话、上行和下行三个相对独立的信道，从而避免了相互之间的干扰.

WiFi

所谓WiFi，其实就是IEEE 802.11b的别称，是由一个名为"无线以太网相容联盟"（wireless ethernet compatibility allicance，WECA）的组织所发布的业界术语，中文译为"无线相容认证"。它是一种短程无线传输技术，能够在数百英尺范围内支持互联网接入的无线电信号。随着技术的发展，以及IEEE 802.11a及IEEE 802.11g等标准的出现，现在IEEE 802.11这个标准已被统称作WiFi。从应用层面来说，

要使用WiFi，用户首先要有WiFi兼容的用户端装置。

蓝 牙

所谓蓝牙技术，实际上是一种短距离无线电技术。利用"蓝牙"技术，能够有效地简化掌上电脑、笔记本电脑和移动电话等移动通信终端设备之间的通信，也能够成功地简化以上这些设备与因特网之间的通信，从而使这些现代通信设备与因特网之间的数据传输变得更加迅速高效，为无线通信拓宽道路。蓝牙采用分散式网络结构以及快跳频和短包技术，支持点对点及点对多点通信，工作在全球通用的2.4 GHZ ISM（即工业、科学、医学）频段。其数据速率为1 Mbps，采用时分双工传输方案实现全双工传输。

虚拟个人网（VPN）

虚拟个人网被定义为通过一个公用网络（通常是因特网）建立一个临时的、安全的连接，是一条穿过混乱的公用网络的安全、稳定的隧道。虚拟专用网是对企业内部网的扩展。虚拟专用网可以帮助远程用户、公司分支机构、商业伙伴及供应商同公司的内部网建立可信的安全连接，并保证数据的安全传输。虚拟专用网可用于不断增长的移动用户的全球因特网接入，以实现安全连接；可用于实现企业网站之间安全通信的虚拟专用线路，用于经济有效地连接到商业伙伴和用户的安全外联网虚拟专用网。

GSM与GPRS

GSM全称为global system for mobile commu-nications，中文为全球移动通信系统，俗称"全球通"，是一种起源于欧洲的移动通信技术标准，是第二代移动通信技术。其开发目的是让全球各地可以共同使用一个移动电话网络标准，让用户使用一部手机就能行遍全球。

GPRS是一种以GSM为基础的数据传输技术，可说是GSM的延续。GPRS和以往连续在频道传输的方式不同，是以封包（packet）式来传输，因此使用者所负担的费用是以其传输资料单位计算，并非使用其整个频道。GPRS的传输速率可提升至56甚至114 kbps。因为不再需要现行无线应用所需要的中介转换器，所以连接及传输都很方便、容易。

CDMA

CDMA是在数字技术的分支——扩频通信技术上发展起来的一种崭新而成熟的无线通信技术。

CDMA技术的出现源自于人类对更高质量无线通信的需求。第二次世界大战期间，因战争的需要而研究开发出CDMA技术，其思想初衷是防止敌方对己方通信的干扰。在战争期间广泛应用于军事抗干扰通信，后来由美国高通公司更新成为商用蜂窝电信技术。

TD-SCDMA

TD—SCDMA作为中国提出的第三代移动

通信标准（简称3G），自1999年正式向ITU（国际电联）提交以来，已历经十来年的时间，完成了标准的专家组评估、ITU认可并发布、与3GPP（第三代伙伴项目）体系的融合、新技术特性的引入等一系列的国际标准化工作，从而使TD-SCDMA标准成为第一个由中国提出的，以我国知识产权为主的，被国际上广泛接受和认可的无线通信国际标准。

局域网

局域网简称LAN，是指在某一区域内由多台计算机互联成的计算机组。"某一区域"指的是同一办公室、同一建筑物、同一公司和同一学校等，一般是方圆几千米以内。局域网可以实现文件管理、应用软件共享、打印机共享、工作组内的日程安排、电子邮件和传真通信服务等功能。

博 客

"博客"一词是从英文单词blog音译（不是翻译）而来。Blog是weblog的简称，而weblog则是由web和log两个英文单词组合而成。Weblog就是在网络上发布和阅读的流水记录，通常称为"网络日志"，简称为"网志"。博客（Blogger）概念解释为网络出版、发表和张贴文章，是个急速成长的网络行为。

浏览器

网络浏览凝聚了Internet的精华，展示了

Internet最绚丽的一面。借助网络浏览器，我们可以进行几乎所有的Internet活动。

浏览器是专门用来浏览信息的程序，是用来显示和连接WWW服务器信息的工具。如果我们把计算机比作一间小屋，那么浏览器就是这间小屋的窗户。在这个小屋里，打开你的窗户，就可以看到外面精彩的世界。只要你愿意，浏览器这个小窗户可以让你的眼界无限拓展，让你领略到各行各业的风采，观光世界的每一个角落，享用网上的娱乐套餐和文化大餐。为了方便用户，在浏览器启动时，将自动地把一个指定的网页显示出来，以便用户从这里出发，浏览其他网络信息。而且我们还可以根据需要在网上搜索信息和网站，获得需要内容后还可以保存、打印，甚至可以将当前这一页作为邮件发给你的朋友和同事。

启动IE浏览器

（1）单击桌面上的IE浏览器的图标，就可以启动IE浏览器。

（2）在地址栏里输入：http://www.163.com，然后按回车键。

（3）接下来我们会看到网站的页面，启动IE的工作完成了。

统一资源定位符（URL）

URL是用于表示信息位置的标志符号，称为"统一资源定位符"。

（1）网址的四个组成部分

协议：计算机之间进行通信所使用的规则。

域名：被访问网站服务器的专用名称。

目录：网页在网站服务器中的位置。

文件名：网页在服务器中的名字。

（2）网址的书写形式：

协议://域名/服务器子目录/文件名

例如，http://www.k12.com.cn/teacher/view

（3）从URL上得到该网站的线索

例如，我们可以从域名的后缀上得到一些大概的线索。

edu是教育类网站，它既可能是严肃的学术研究，也可能是学生随意制作的主页。

gov或gov.cn是政府网站，它一般比较权威、可靠，不会随意发布不准确的信息。

com或com.cn是商业网站，最常见。它在介绍自己的产品时往往会夸大其词，所以要注意仔细辨别真伪。

net是网络服务公司，它为商业或个人用户提供服务。

org一般是非营利性组织，其观点可能带有倾向性。

浏览器常用命令

1.“全屏幕”

（1）单击浏览器工具栏中的“全屏幕”按钮，会出现如图所示的图形。

全屏幕网页

屏幕复原后的网页

（2）再次单击"全屏幕"按钮，屏幕复原。

2. "后退"和"前进"

（1）在浏览过程中，单击浏览器工具栏的"前进"按钮，可以前进到前面访问过的网页。

（2）单击工具栏的"后退"按钮，可以退回到在此网页后面访问过的网页。

3. "停止"

在浏览器工具栏右上角的飞行Windows标志飘动了很长时间，还没有进入你所需的网页，就可以使用"停止"按钮暂停对目标站点的访问。

4. "主页"

（1）主页是指你启动浏览器时浏览器自动打开的起始网页。

（2）单击"主页"按钮，可以返回到起始网页。

5. "刷新"

单击"刷新"按钮，可以重新下载当前网页。

6. "收藏夹"

当你在浏览过程中遇到好的网站，希望以后能再去访问时，你可以将网站地址添加到"收藏夹"中，上网时单击其名称就可以了。

聊天室

聊天室是为网上用户提供聊天服务的场所，是在虚拟的网络世界里的一个房间。这里没有墙壁和屋顶，但可以容纳成千上万的用户同时在线聊天。无论天南海北，无论刮风下雨，只要你有一台可以上网的电脑，你就可以和很多朋友聊天了。

进入聊天室首先要注册用户，按照相应的步骤填写资料，你可以完全虚拟一个身份，也可以适当填入你的真实情况，当然你也可以把自己的资料完全真实地留下，这样别人可以充分了解你，也可以体现出你对人真诚。不过多数人不会这么做，因为这样有时会给自己带来危险。在聊天室里你不知道对方是谁，对方也不知道你是谁，你们没有任何利益冲突，所以可以坦诚相见，这也是聊天室的最大好处。

防火墙

这里的防火墙是指为了防止计算机病毒或非法破坏者入侵到内部网络而采取的一种技术防范措施。

防火墙由一些负责安全和检验工作的专门的硬件和软件组成。它处于内部网络和外部网络之间，所有的内外数据交换都要经过防火墙的处理。通过设置防火墙，在内部网络和外部网络之间就多了一道屏障，可以拒绝从外部的可疑地址发送的数据请求，也能阻止内部关键数据传出内部网络。

防火墙可以在很大程度上保护网络的安全，但并不能完全杜绝所有的破坏。

十、网页的制作

网页、主页、网站的基本概念

网页：我们在因特网上访问网站时，用浏览器所看到的那一页页绚丽多彩的画面都叫做网页。

主页：当我们进入每一个网站时，见到的第一个页面叫做这个网站的主页，主页的英文是home page。主页在网站中的作用十分重要，它担当着引导访问者漫游网站的责任。

网站：许多个彼此相互关联的网页就构成了一个网站。因特网就是由不计其数的、多姿多彩的网站所组成。

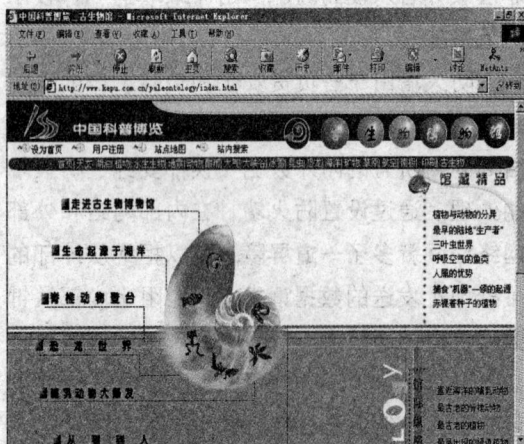

构成网页的基本元素

通过浏览网站，归纳总结一下构成网页的基本元素。

网页中最多的是文字，为了使版面生动活泼，网页中还有一些图片。

在浏览网站的过程中，当我们移动鼠标到某一段文字或图片上时，经常会发现鼠标指针变成了手的形状，这就是一个超链接。我们可以跟随手形鼠标的引导，从一个网页跳到另一个网页，或者从一个网站跳到另一个网站，这就是超链接技术在起作用。

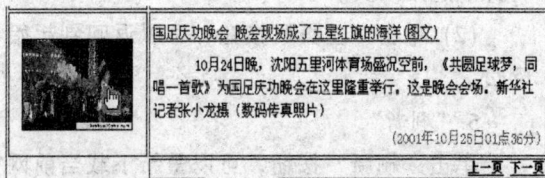

手形鼠标指引我们从一个网页跳到另一个网页

网页中还有一些水平线，它们是用来分割文字内容的。此外，还有一些网站有表格、动画、视频、背景音乐、字幕、悬停按钮、站点访问计数器等。

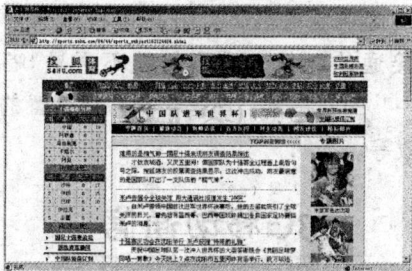

带有表格、字幕、视频的网站

网站的创建与管理

创建新网站　创建一个新网站的方法很简单，请同学们模仿创建新网页的方法，探索创建新网站的方法，并比较一下创建新网页与创建新网站的相同点和不同点。

在网站里新增空白网页　新建网页的方法有三种，这里只介绍其中的一种。

（1）启动FrontPage，在常用工具栏中单击"新建网页"按钮 后，就会在工作区建立一个空白的网页。

新建网页　　　　　　"另存为"对话框

（2）单击保存按钮 ，在弹出的"另存为"对话框中单击"保存"按钮。

多个网页之间的切换　当我们建设一个网站时，往往需要同时打开多个网页进行编辑。利用"窗口"菜单可以快速切换网页，具体方法是：

（1）单击命令菜单栏中的"窗口"项；

（2）下拉菜单中列出了所有已经打开的网页的名称，单击其中的某一个网页名，工作区中马上显示出该网页。

"窗口"菜单里显示出已经打开的网页

主页的文件名　主页的地位既然要高于其他网页，那么它的名字也要与众不同了。一般情况下，主页的文件名叫做index.htm。

网页属性的修改　当我们新创建一个网页时，最好能根据网页的内容给网页起一个恰如其分的标题。修改网页标题的具体方法是：

（1）在网页中的空白处单击右键，将弹出一个快捷菜单；

（2）单击"网页属性"命令；

（3）在"网页属性"对话框中修改网页的标题；

（4）单击确定按钮完成修改。

快捷菜单　　　"网页属性"对话框

注意：如果我们没有修改网页的标题，在保存网页后，FrontPage会自动将该网页上第一行的文字作为该网页的标题。

删除网页　在我们扩充站点规模时，可能创建了许多网页，如果我们对某些网页不满意，可以把它删除掉，以免它们占据存储空间。删除网页的方法很简单，将鼠标指针指到要删除的网页上，单击鼠标右键，在弹出的快捷菜单中选择"删除"命令，被选中的网页就被删除了。

从网页到网站

一个网页不可能表达太多的信息，因此，我们还要进一步学习如何制作一个网站。

一个网站一般是由多个相互关联的网页构成的。比如，《马年说马》网站中各个网页之间的关系可以用图来表示。

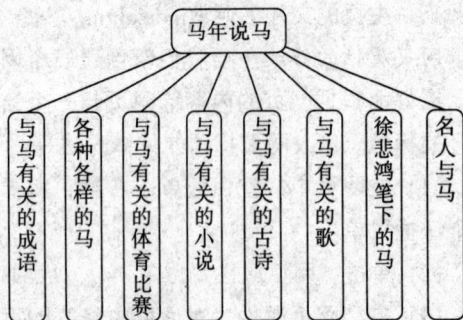

《马年说马》网站的结构

其中，"马年说马"这个网页主要的任务是向游客提供网站的主要内容、结构等信息，它就是主页。主页是一个网站的门户，访问者最先看到的是一个网站的主页，然后从主页出发，去访问网站的其他网页。打个比喻，主页相当于一个网上公园的导游图，它担负着两个重要的任务：一是要使来访的游客能够迅速从主页了解到网站的全貌，二是能够很方便地跳转到网站的其他页面去访问。

所谓能够方便地跳转，就用到我们经常说的超链接。只要用鼠标在主页的链接上点一点，浏览器就可以迅速跳到相关的页面去。

彩 铃

彩铃业务是服务商推出的一项新业务，用户开通这项业务后，对方在拨打该用户手机等待接通的时候，听到的就不再是"嘟……嘟……"的回铃音，而是该用户所设置的音乐或音效等。

3G移动通信

3G是指第三代移动通信技术。相对第一代模拟制式手机（1G）和第二代GSM、CDMA等数字手机（2G），第三代手机（3G）是指将无线通信与国际互联网等多媒体通信结合的新一代移动通信系统。

3G与2G的主要区别是在传输声音和数据的速度上的提升，它能够在全球范围内更好地实现无线漫游，并处理图像、音乐、视频流等多种媒体形式，提供包括网页浏览、电话会议、电子商务等多种信息服务。

网页制作工具

Adobe Dreamweaver

Dreamweaver是Macromedia公司开发的著名网站开发工具，现被Adobe公司收购。它使用所见即所得的接口，亦有HTML编辑的功能。现在有Mac和Windows两个系统的版本。

Adobe Flash

Adobe Flash（原称Macromedia Flash，简称Flash），是美国Macromedia公司（现在已被Adobe公司收购）所设计的一种二维动画软件。通常包括Macromedia Flash，用于设计和编辑Flash文档，以及Adobe Flash Player，用于播放Flash文档。

Adobe Photoshop

Adobe Photoshop是Adobe公司旗下最为出

名的图像处理软件之一，集图像扫描、编辑修改、图像制作、广告创意、图像输入与输出于一体的图形图像处理软件，深受广大平面设计人员和电脑美术爱好者的喜爱。

Java Script

Java Script是一种新的描述语言，它可以被嵌入HTML的文件之中。透过Java Script可以做到回应使用者的需求事件而不用网络来回传输资料，所以当一位使用者输入一项资料时，它不用经过传给服务器处理，再传回来的过程，而直接可以被客户端的应用程序处理。

十一、计算机的应用

计算机在科学技术方面的应用

(1) 科学计算

在科学研究中,常常需要进行大量的、高难度的、要求精确度很高的计算,用人工和其他的计算工具(如手工计算、算盘、计算尺等)来完成这样的计算,往往需要花费大量的人力和时间,而且结果还不一定理想。计算机的出现,把科学家从复杂枯燥的数学计算中解放了出来,他们可以操作计算机完成以前不敢想象的各种复杂的计算。计算机大大提高了科学家的工作效率,许多科学尖端领域的复杂运算和工程设计都是利用计算机来完成的。

(2) 航天技术

运载火箭的设计以及火箭从发射到飞行的过程控制都要进行大量的数值计算。比如,要计算气流速度、大气压力以及火箭的稳定性、速度、温升等。火箭的发射完全由计算机控制,计算机根据点火后推力的大小,决定将火箭推上天还是紧急关机,升空后又自动控制火箭进入预定的轨道,并控制一级、二级火箭的自动脱落。计算机要对采集到的卫星上的各种数据进行迅速的计算和分析,并与预先计算好的数据进行对比,并及时将有关的数据通过电子信号送到火箭内的控制系统,以便对卫星的飞行轨道加以控制和调整。这里所说的每一个过程都要进行大量的、复杂的、要求精度非常高的计算,如果没有大型计算机的支持和帮助,简直寸步难行。

(3) 天气预报

在天气预报中,科学家需要对数百万个由全球气象站探测到的数据和气象卫星探测的气象数据(包括气压、温度、湿度、风速、风向等)进行大量复杂的计算,如果计算24小时的预报资料,需要20个人计算一个月,而使用大型计算机进行天气预报的计算,只需几分钟就可以完成。

(4) 太空探险

1997年7月4日,美国发射的火星探测飞船上的智能机器人"火星漫游者"从火星发回了大批高质量的火星照片,使人类第一次清晰地看到了地球邻居的真实面孔,为人类探索火星的秘密提供了大量珍贵的信息。

(5) 印刷技术

传统的印刷技术在我们国家已经使用了近千年。而就在最近这短短的20年里,却发生了翻天覆地的变化,这一切都是由于计算机技术的迅猛发展。

利用计算机进行排版的过程大致是:首

先，要把大量的信息输入到计算机中去，即录入文字和扫描图像；其次，在计算机屏幕上对录入的文字进行编辑修改，对扫描的图像进行加工处理；然后，进行版式设计，包括图文混排，设置字体字号、标题、正文、插图、横排竖排等；最后，通过激光照排机做成一张张的胶片，就可以制版印刷了。

计算机在工业方面的应用

(1) 计算机自动控制

在工业生产的过程中，计算机扮演着重要的角色。它可以自动采集、整理、存储生产过程中的大量数据，并根据数据分析的结果自动控制和调整生产的全部过程，这就是计算机自动控制。

比如，使用计算机控制炼钢时，工人们可以坐在操作台前，通过计算机自动调节转炉内的温度，测试钢水里的各种元素成分，把握最佳的出钢时间。钢水一出炉，计算机又能按照人们的需要，自动控制各种机械设备，把钢水"变成"各种规格的钢材。

计算机自动控制可以获得人工控制难以达到的最佳效果。因此，有了计算机，才能真正实现工业生产和管理的自动化。

(2) 工业机器人

工业机器人可以在极其危险、恶劣的环境下代替人的工作。例如，水下作业、井下作业、高温作业，以及在有放射性气体或有害气体环境下进行工作等。

(3) 计算机辅助设计 (CAD)

为了提高工业产品的质量，缩短产品的设计周期，提高设计的自动化水平，人们借助于计算机进行产品设计，称为计算机辅助设计，简称CAD (computer assisted design)。

CAD系统是由一个图形工作站承担的。该工作站除了有一台高性能的PC机之外，还要有高分辨率的图形显示器、绘图仪、数字化仪和扫描仪等图形输入输出设备。该系统的功能是用来绘制图形、设计和修改图形、转换和输出图形。使用该系统将提高绘图的质量和效率，特别是对于三维图形的处理带来极大的方便，不仅可以快速改变三维图形的投影角度，还可以在屏幕上直接用鼠标进行修改。

利用CAD技术，设计师们可以在计算机屏幕前讨论各种设计方案，从计算机屏幕上观察任意方向上的投影图，可以将设计图在屏幕上放大、缩小或转动任意一个角度，可以随时用键盘、鼠标对图纸进行局部或全部的修改，并且可以得到不同设计方案的测试数据，由此选出最佳方案。

使用CAD技术设计产品，周期短、成本低、质量高。目前，在汽车设计、飞机设计、船舶设计、建筑设计、武器设计和服装设计等行业中已经广泛采用了CAD系统。

(4) 计算机辅助制造

计算机辅助制造简称CAM。数控机床是CAM的一个早期例子。数控机床实质上是由一台专用的计算机来控制机床加工部件。它把对某种零件的加工方法事先编好程序并存放在计算机中，用计算机替代人工控制机床加工零件。这种数控机床具有加工精度高、重复性好等优点，因此被广泛应用于飞机、汽车、轮船等制造加工业中。

计算机辅助制造 (CAM) 与计算机辅助设计 (CAD) 结合起来，形成现代化的设计和制造一体化的全自动化生产系统，是一个包括人、机器、材料、资金和信息等五项内容的复杂系统。这将是计算机在现代企业中的重要应用，同时也是21世纪占主导地位的新型生产方式，是计算机应用的发展方向。

计算机在农业方面的应用

(1) 农业专家系统

首先，计算机软件设计人员将许多农业专家的丰富经验整理并储存到计算机中去，编制成软件，这就是所谓的农业专家系统。农民将农业生产中遇到的实际问题输入到计算机中，请专家系统提供分析。比如，农民可以在计算机的帮助下进行土壤的化学成分分析，有针对性地种植农作物和施肥。计算机还可以模拟某种农作物生长、发育的全过程，然后告诉农民什么样的土壤环境适合种植什么样的农作物；什么样的土壤环境种植某种农作物时，要增加哪种化肥等。

(2) 科学育种亲本选配

在培育农业、畜牧业新品种的时候，利用计算机在多种因素下选择最佳的基因组合，可以培育出最好的优良品种，如水稻杂交新品种的选育，既能抗倒伏，又颗粒饱满。

(3) 计算机病虫害流行预测

农业专家们根据收集到的各种信息，在计算机上模拟某种作物病虫害产生、发展、蔓延的全过程，了解病虫害的发展趋势，并向全国及时发布病虫害预告。

(4) 计算机农业预警系统

首先，把从气象卫星收集到全球的各种气象数据输入到计算机中，科技人员对计算机中的气象资料进行统计分析，可以对某地区近期、中期、远期的天气形势作出分析，还可以在计算机上模拟某地区被洪水淹没的范围、程度、水库的蓄洪容量等，对洪涝、干旱等自然灾害提前作出预测，并提出最佳的对策，使农业决策部门提前做好防灾的各种准备。

(5) 遥感估产

通过位于地球轨道上的农业资源卫星，拍摄到某地区的土地资源照片，经过计算机图像处理后，农业专家根据地表图像资料可以分析农作物的产量、土壤流失量、水土流失量、环境污染情况等。

(6) 农业机器人

在田间，装有摄像机的机器人行走自如，它可以完成诸如除草、施肥、喷洒农药等任务，避免了农民大量接触农药。在丰收的季节里，农业机器人也可以像人一样在田间或果园里采摘棉花、卷心菜、苹果、西红柿等。原来它们安装了摄像机，因此，能准确地选定采摘目标。

(7) 农业信息管理和农业信息网

现代化的农民可以利用计算机进行农业生产管理、经营管理、农产品分析、市场分析和成本核算等，计算机可以给农民出许多好主意。农民可以坐在家里通过计算机网络迅速了解全国乃至全世界各地各种农产品的产供销信息，由此做出第二年的生产安排。

计算机在艺术方面的应用

(1) 用计算机进行艺术创作

计算机绘画往往有人所不能及之处，计算机提供的色彩更丰富、更鲜艳、层次更分明，计算机提供的绘画表现手段和手法更加多样化。

(2) 用计算机进行三维动画的设计和电影制作

三维动画软件在计算机中首先建立一个虚

拟的世界，设计师在这个虚拟的三维世界中建立模型及场景，再根据要求设定模型的运动轨迹。利用电子特技合成技术可以在屏幕上实现一些人们认为不可思议的图像效果。导演和摄影师用计算机进行了《变形金刚》《阿凡达》等电影的制作。

(3) 用计算机作曲

电子合成器可以模拟各种乐器的声音，它吹拉弹唱样样在行，而且可以达到以假乱真的地步。利用MIDI（乐器数字化接口）可以在计算机和电子音乐合成器之间互相发送和接收彼此的音乐数据，计算机可以采集声音，记录、存放、播出乐谱等。一台具有MIDI的计算机就是一个小乐队，用MIDI作出的乐曲，水平决不在一般人之下，而且大大降低了音乐制作的成本。

计算机在日常生活中的应用

(1) "计算机医生"

首先，软件设计者以软件的形式把某个领域的医学专家的医学知识和诊断经验送入计算机，计算机对病人诊断时，能够模拟医学专家的思维过程，对采集到的各种数据进行推理和演绎，并作出相应的判断与决策。这就是可以帮助医生诊断患者疾病的专家系统。

CT扫描是摄影技术与计算机技术相结合的医疗设备，通过它可以在计算机屏幕上清楚地看到患者体内器官的各种图像，它可以帮助医生诊断疾病。

(2) 超级市场的计算机管理

在大型超级市场里，各种商品的包装上都有一个条形码，上面记录着商品的各种信息，比如，商品的名称、生产厂家、生产日期、商品价格等。当顾客选购完商品之后，在收款处，售货员通过条形码阅读器扫描每个商品上的条形码，计算机屏幕上立刻显示出各种商品的数量和价格。用计算机管理带有条形码的商品，大大提高了商品管理的效率。

(3) 飞机联网订票系统

只需一台联网的计算机，旅客就可以预订预售期内的任何航班的座位了。由于每个售票处都通过计算机网络相互连接，某张机票一旦售出，计算机网络里立刻就有记载了。当旅客来订某航班的机票时，订票机先通过网络查询是否还有剩余的机票，然后再告诉旅客。飞机联网订票系统提高了航班的利用率、客运率，工作效率也成倍地提高，同时也给旅客买飞机票提供了极大的方便。

(4) 信用卡和自动取款机

目前，在许多大型商场和银行里都配备了商业终端机（ATM自动柜员机），并实现了全国联网。当你出差在外时，不必带很多的现金，只要带一张信用卡就可以在当地的银行里提款（异地取款）。银行或大商场里摆放的自动取款机（ATM），顾客只需将磁卡往取款机里一插，根据显示屏幕上的提示再按几下按钮，就可以完成取款业务了。这种设备对银行和顾客都带来很大的方便。当你在大商场里购买东西时，结账时只需把信用卡在收款台上的信用卡阅读器上一划，就实现了自动收款。信用卡的使用减少了货币流通带给人们的各种麻烦。

(5) 证券交易信息系统

证券交易信息系统可以及时准确地报道各地股票市场的股票行情。只要你家里的计算机能够上网，通过计算机网络，你可以及时了解各种股票成交的数量，分析股票上涨或下降的趋势，坐在家里就可以进行股票交易。

（6）计算机自动分拣信件

邮局使用计算机自动分拣信件，计算机可以自动识别信封左上角书写的收信人的邮政编码，大大减轻了邮局工作人员每天繁重的体力劳动，提高了信件分拣的准确性，同时节省了大量的人力和时间，提高了工作效率。

（7）用计算机进行交通管理

在许多大城市里，交通繁忙的十字路口都由计算机来控制各个方向的红绿灯，指挥汽车的通行。计算机通过交通观测系统掌握各个路口的车流量，并根据各方向车流量的大小，自动调整控制每个路口车辆的放行时间，大大提高了城市交通指挥管理的效率。

（8）用计算机进行图书管理

在计算机管理的图书馆里，每一本图书上都贴有一个条形码，上面记载着这本书的各种信息，如书名、作者名、出版社名、出版日期及定价等。同样，在读者的借书证上也有一个条形码，上面记载着读者的各种信息，比如姓名、性别、年龄、工作单位、家庭地址等。当读者借书和还书时，图书馆的工作人员只需用条形码阅读器分别在书上和读者的借书证上扫描一下，一切借阅手续就办理好了，从而简化了图书借阅手续，大大提高了图书馆的工作效率。

（9）各式各样的IC卡

学校的食堂使用售饭卡提高了售饭的速度，减少了货币流通；图书馆里的借书卡提高借阅图书的效率；当你到医院看病时，医疗保健卡使得医生可以及时迅速了解病人的各种情况，比如姓名、工作单位、性别、年龄、血型、病历、血压、家庭住址、个人病史、家庭病史、药物过敏史等个人信息，以便尽快地采取相应的治疗及救护措施。还有适用于人员管理的身份证卡、工作证卡、代表证卡，用于收

费管理的高速公路收费卡、煤气表收费卡、公交月票卡等等。

（10）用计算机进行写作

作家和记者在用计算机写作时，先输入好文字，然后可以在计算机屏幕上对文章反复进行修改，文字的插入、删除，段落的移动，文章的重新排列组合等都很方便；然后在屏幕上对文章进行排版，比如，设置不同的字体和字号，图文混排等；最后，通过打印机把文稿打印出来，打印机输出的稿件又整齐又漂亮。也可以把文稿放在磁盘里长期保存，报社的记者还可以在远离报社的地方通过计算机网络直接向报社发稿。

（11）计算机发型设计

首先用电子摄像机拍下一个人的头部特写照片，然后用户可以从计算机发型库里存储的上百个发型中选择自己喜欢的发型，屏幕上立刻出现配有这种发型的头像，顾客可以从不同的角度去欣赏自己的正面像、侧面像、背面像。如果对这种发型不满意，还可以再选择其他的发型，直到满意为止。最后还可以通过打印机把自己满意的发型打印出来或存档。

计算机在军事国防上的应用

现代战争是高科技的战争，信息战、电子战已经成为影响战争胜负的重要因素。由于计算机的出现，使得电子对抗从战争舞台的配角变成了主角，像通信对抗、雷达对抗、电子武器对抗等，都有计算机在起作用。另外，军事信息的获取、分析、加工、传递，战役的指挥，战略武器的控制等也都需要使用计算机。现在许多新式武器上都有计算机装置，像防空系统、导弹制导系统、军事指挥系统、飞行仿

真模拟训练系统等，都是计算机在起主导作用。一句话，现代战争离不开计算机。不管是普通一兵，还是指挥千军万马的将军，想在现代战争中获胜，不掌握计算机知识是万万不成的。

（1）导弹自动控制

在电子防空系统中，雷达一旦发现目标，便迅速将敌机的各种参数送入计算机，并随时跟踪敌机，不断将新的数据输入计算机，计算机对这些参数进行处理后，又立即把处理后的结果送到防空导弹发射器，修改导弹的发射参数，使导弹发射器随时跟踪敌机，一旦时机成熟，即可发射导弹摧毁敌机。

（2）战略武器的计算机控制

在现代战争中，许多战略武器都是由计算机控制的。比如，为了使导弹能更准确地击中目标，可以在导弹上加装由计算机控制的制导系统，借助于导航卫星，计算机可以准确地判断导弹实飞地区与定位地区之间的偏差，不断对导弹发出各种修正指令，使导弹返回"正道"。因此，由计算机控制的洲际导弹的命中率可以达到百分之百。

（3）计算机模拟战役指挥

指挥官可以在计算机上模拟指挥战役的过程。首先输入双方兵力部署、武器装备、战场指挥策略等信息，计算机可以自动模拟战役的进展情况。借助这一系统，指挥官可以发现自己在作战方案的制订、军事部署、指挥控制等方面的漏洞，并及时加以弥补和修正，以避免真实战争中的人员损失。

（4）计算机模拟飞行训练

飞行员可以利用由计算机控制的飞行仿真系统进行模拟飞行训练，比如，飞机的起飞、降落、投弹以及地形辨认等，使飞行员在地面上就能体验到在空中飞行时可能遭遇的各种情况，学习操作处理的方法。这种模拟训练可以在地面上重复无数次，大大减少了空中飞行训练的费用和损失，提高了飞行训练的效率。

其他应用

（1）条形码

又称条码。标志商品特定信息的一种图形码。它由一组高度相同、粗细或间隔不同、反射率不同（常为黑白相间）的垂直线平行排列而成。条状图形按一定的规则组合表示不同的数字、字母或专用符号，这些图形码可以通过光电扫描仪（条码阅读器）读取并送入计算机。条码的基本结构如图所示：

整个条码由以下8部分构成：左侧空白区（左静区）、起始字符、左侧数据区、中间分隔字符、右侧数据区、校验字符、终止字符和右侧空白区（右静区）。左、右侧数据区共包括13个数字。前3位称为前缀码，代表商品生产的国家或地区，我国的国家代码为690、691或692，书刊代码为977、978；第4~7或8位数字为厂商代码，代表商品制造或经销的企业；第8或9~12位数字为商品代码，代表商品的类别；第13位为校验码。校验码的产生办法是将13位数字按从左至右的顺序编好序号，所有序号为偶数的代码数相加并乘以3，然后加上序号为3

开始的所有序号为奇数的代码数之和，得出x，用一个大于x且为10的倍数的最小整数减去x，其差值即为校验码。

条形码的应用非常广泛，如超级市场中商品的销售和统计、图书馆书刊的登记和借阅等。

(2) 电子商务

电子商务是指两方或多方通过某种形式的计算机网络（直接连接的网络或Internet等等）进行商务活动的过程。

电子商务的起源可以追溯到20世纪70年代，当时出现了电子商务的雏形：电子数据交换与电子资金传送。它们虽然加快了商业事务的处理速度，增强了企业效率，但是局限性依然很大。随着Internet的快速发展，一个良好的基础设施与信息渠道才逐渐形成，这一切为电子商务发展提供了一个广阔的天地。同时，Internet也促进了一大批新型企业的形成。于是，电子商务的发展突飞猛进。

电子商务目前可以分为四类：①B to B（即商业机构对商业机构的电子商务），指企业与企业间进行的电子商务；②B to C（即商业机构对消费者的电子商务），指企业与消费者之间进行的电子商务；③C to A（即消费者对行政机构的电子商务），指政府对个人的电子商务活动；④B to A（即商业机构对行政机构的电子商务），指的是企业与政府机构之间进行的电子商务。

其中前两种电子商务随着互联网的发展，逐渐深入人们的生活，而后两种则还未真正形成。

电子商务方便、快捷是其优点。若是电子购物，对于消费者来说，不出家门，不仅可以逛商场，欣赏琳琅满目的商品，还可以享受送货到门的便利，当然是物美价廉了；对于商家来说，不仅省去了租房等费用，还可以提供一应俱全的商品。此外电子商务还为企业间的商务活动、金融业的数字处理、广告的发布提供了前所未有的方便，可见电子商务的前景广阔。

因为现在电子商务的一些法律还不够健全，在交易时很容易误入陷阱，所以一定要使用安全方法，保护自己的利益。

(3) 全球卫星定位系统

简称全球定位系统。由美国政府组织开发的用于全世界范围内实现航海、航空和陆路交通准确定时、定位、测距、导航的一套综合性卫星通信系统。

它通过检测已知轨道上的人造地球卫星所发出电波的多普勒效应来测定地面上电波接收点的精确位置，通过每颗卫星上装有的30万年内误差不超过1秒钟的原子钟不间断地发出时间信号来授时。

GPS由空间的卫星系统、地面的控制系统和用户的接收设备3部分构成。全球的通信卫星一共24颗，平均距离地面20 183千米，运行轨道与地面倾角均为55°，运行周期为717.98分钟。卫星的分布十分均匀，能保证在地球上的任何地点、任何时刻每一个移动的或固定的用户设备均能接收到至少4颗卫星的定量定位信号。地面的控制系统由一个设在美国科罗拉多州的主控站、5个全球监测站和3个地面控制站构成，以便为24颗卫星授时，修正运行参数，发射电文及掌握和控制卫星运行状态。用户接收设备则装备在飞行器上、舰船上、陆路交通工具上，随时接收来自卫星的信息，并可通过适当处理直接显示在用户屏幕上。GPS的定位精度，民用信息可达到100米，军用信息可达到1米。GPS的应用十分广泛，如交通调度、地球资源调查、地图测绘、打击预定军事目标、

跟踪移动目标等。

（4）计算机家庭教师

计算机辅助教学的英文缩写是CAI。它利用计算机执行教学功能，把计算机作为帮助学生理解和记忆知识，并对已学知识进行推理和实践的智能工具。CAI可分为辅助型和原本型两种。前者附属于正规课程，只起辅助作用；后者能独立地代替正规课程，程序较长。

CAI的优点是教员服务面宽，能更好地贯彻因材施教原则等。日本在1972年就研制成计算机辅助学习系统。该系统能同时控制30个教学终端，提供计算机原理、数控机床、彩色电视机维修、计算机语言等课程，供学习者使用。利用计算机系统帮助学生学习，从根本上改变了传统的学习方法。学生通过计算机终端同计算机中心相连，既可以得到有关教材，又可以索取自己所需要的任何信息。

借助于计算机的帮助，学生可以根据自己的情况控制进度，提高学习效率。在计算机启发式程序的引导下，学生可以重新"独立发现"一些定律，这种富有创造性的学习，极大地提高了学生独立思考和发明创造的能力。

（5）办公自动化

办公自动化（OA）是指将现代各种先进的技术和设备应用于办公人员的各种办公活动中，使其办公活动实现科学化、自动化，从而达到最大限度地提高工作质量和工作效率，改善工作环境的目的。办公自动化的主要特征是以文字和数据处理为主，是一个高效率的公文处理自动化系统。

计算机可以提高某些具体工作的效率，如数据统计、文字打印排版、报表处理、文件检索等。然而它的潜力远不止于此。计算机网络可以收发电子邮件、传输各类文件数据、查询远程数据库等；电子会议系统可以省去旅行之劳，将身处异地的人们聚到一间办公室里，从而拓宽了办公室工作的内容与工作者领域。所以，现代的办公自动化系统，是以微机为工作平台的系统，是综合运用信息技术、通信技术和管理科学的系统，是向集成化、智能化方向不断发展的系统。

办公自动化的主要内容有：

①公文处理和电子处理　借助计算机配备的字处理软件和其他软件，自动地产生、编辑与存储文件、报告，处理图形、图像甚至声音，并实现各办公室之间文件的传递。

②电子表格使用　许多工作都可用二维表来做，如财务计算、统计计算、通讯录、日程表等。计算机制表类软件提供了强大的表格处理功能。

③电子邮件　这是以计算机网络为基础的信件通信系统。

④电子会议　使用先进的计算机工作站和网络通信技术，使多个办公室的工作台构成同步会议系统，代替一些面对面的会议。

更完备的办公自动化系统还应包括管理信息系统和决策支持系统的功能。现在流行的办公自动化软件是微软的Office，其中主要包括Word（文字处理）、Excel（电子表格）、Outlook（电子邮件收发）、PowerPoint（幻灯演示）、SharePoint（网页制作）、Access（数据库）等。

十二、计算机中文信息处理

汉字输入法

汉字输入法是指利用汉字的形、音或相关信息，通过各种方式，把汉字输入到计算机中去的编码方法。

如根据字的读音进行汉字编码的音码输入法，包括智能ABC、搜狗拼音输入法、全拼输入法、双拼输入法等。

还有可根据笔画、字根等字的部件按照部件的形状进行汉字编码的形码输入法，如河南王永民发明的五笔输入法等。

还有根据字的读音或形状为汉字编码的音形码和形音码，以及将拼音、笔画、字根充分结合的综合码等。

汉字编码

由于计算机现有的输入键盘与英文打字机键盘完全兼容，因而如何输入非拉丁文字(包括汉字)便成了一个问题。汉字编码就是为汉字设计的一种便于输入计算机的代码。汉字信息处理系统一般包括编码、输入、存储、编辑、输出和传输。其中编码是关键，

不解决这个问题，就不能把汉字输入计算机中。

语音输入

语音输入即语音识别输入。语音识别输入是要教会计算机"听懂"用汉语语音所表示的汉字信息。语音识别是一种高科技的人工智能技术，它通过抽取汉字的语音特征，实现对汉语语音的识别。

语音识别输入存在三大优点，输入速度快，使用方便，符合人类思维工作习惯，不受编码规则对思维的干扰。实现语音输入在技术上有一定困难，其中要解决两个问题：抽取能够代表语音特征的参数和建立识别系统的数学模型，寻找优化的识别方法和处理手段。

音 码

依据汉字读音编写的计算机汉字输入码。音码大体可以分为两类。一类是音素输入码，就是把汉字的读音按照辅音、元音分解开来，各自用一个字母或数字表示的方法。这种方法

一般直接采用《汉语拼音方案》或者《注音字母方案》。这种方法的优点是可以利用人们在小学就学过的汉语拼音知识，不必经过专门培训即可上机操作。缺点是编码过长，输入效率低。另一类是双拼输入码，就是把汉字的读音按照声母和韵母分解开来，各用一个字母表示的方法。这种方法缩短了码长，加上同码区别符最多不超过4码，比音素输入码效率高，但是难学难记。

音码的共同缺点是同码字多，解决的方法一般分为两步：首先通过软件依据条件概率等自动区分同码字，如果软件选择的不是用户期望输入的字，再由用户依据屏幕提示，用对应的数字键人工选择输入。音码的另一个缺点是遇到不认识的字就无法输入。

音码比形码容易掌握，是一般用户普遍采用的输入方法。

形 码

又称为字形码。根据汉字的字形属性进行汉字编码的一种编码方法。

字形是文字符号的可见表示形式，汉字字形是汉字形体结构的图形符号，具有表现汉字的唯一性。汉字形码利用了汉字的以下独特属性：①部首，它是汉字偏旁的分类，按字的上、下、左、右、外、中、左上等部位通常有201个部首；②部首外的笔画数；③一个字的总笔画数；④汉字的笔画类型，分为横、竖、点、撇、折（一、丨、丶、丿、乙）5类；⑤汉字的形体结构，分为上下结构、左右结构、包围结构、镶嵌结构等。依据这些形体属性可以将汉字编码，这种编码方法简单易用，码长较短，重码率也低。目前国内广泛采用的五笔字型编码就是形码的一种。

十三、人工智能

智能机器人

1920年，捷克作家萨佩克在编写科学幻想剧《洛桑万能机器人公司》时，要给担任主角的机器人取个名字，一拍脑瓜，管它叫罗伯特（Robot），从此，罗伯特就成了机器人在世界上的通用名字。

20世纪70年代，世界上出现了第一代机器人，在笨拙的外表下，机器人可以做一些简单的动作。到20世纪80年代，已经出现了可以独立行走的机器人。现在，全世界大约有几十万台工业机器人和一定数量的军事机器人，还有少量的特种机器人用于医疗保健和家庭护理。

计算机是现代机器人的灵魂，科学家把必要的信息编制成软件储存在机器人的"大脑"里，不同的计算机软件可以控制机器人完成不同的工作。

工业机器人可以在危险、恶劣的环境下代替人的工作，例如，水下作业、井下作业、高温作业、在有放射性气体或有害气体环境下工作。它们可以按照人们事先输入好的程序自动进行工作，比如，焊接金属、喷涂油漆、搬运物体、在生产流水线上组装零件等。

军事机器人可以驾驶战车、飞机（无人驾驶的飞行器）到敌人占领的区域里侦察并获取情报，搜索并排除地雷、水雷。

社会福利机器人可以引导盲人走路，家庭护理机器人可以像护士一样照顾病人。

农业机器人可以完成施肥、除草、喷洒农药等任务。在丰收的季节里，农业机器人在田间或果园里采摘棉花、卷心菜、苹果、西红柿、土豆、花生等形状为块状的果实，机械手可以像人手一样灵活地采摘各种果实。

20世纪最壮观的机器人非"火星漫游者"莫属。1996年12月，火星探测飞船"火星探路者"经过7个多月的飞行，于1997年7月4日在火星表面上安全着陆。飞船上的智能机器人"火星漫游者"开始对火星进行一系列的考察，它在火星表面上一边漫步一边拍照，向地球传回了大批高质量的、清晰度非常高的火星地貌的彩色照片，使人类第一次如此清晰地看到了地球邻居的真实面孔，为人类探索火星的秘密提供了大量珍贵的信息。如遇到前方有障碍，"火星漫游者"还可以自如地躲开巨石等障碍。可以说，"火星漫游者"是第一个在火星上散步的地球使者。

人机国际象棋大战

电脑下棋的渊源可以追溯到1769年"特

克"下棋机的诞生，虽然它只是个由人操纵的骗局，但却表达了人们渴望亲手创造智能机器的梦想。直到1959年，美国麻省理工学院的电脑专家写出了世界上第一个象棋程序，从此拉开了使用电脑进行对弈的序幕。

1970年，第一届全美计算机象棋锦标赛在纽约举行，并规定这个比赛项目每年举行1~2次。在比赛中，首先是电脑程序与电脑程序间的征战，这无疑催生了一代又一代不断升级的电脑棋手。电脑棋手的惊人进步，使全美象棋联合会最受推崇的风云人物——国际象棋大师莱维都深感不安。不过人们仍认为，由于电脑程序难以掌握大师级的下棋策略，而大师本人又不会编写程序，电脑下棋的水平仍然无法望象棋大师的项背。

进入20世纪80年代后，电脑棋手的水平有了突飞猛进的提高。1988年，由美国卡内基-梅隆大学研究生许峰勋等人开发的"深思"电脑棋手战胜了象棋特级大师本特·拉尔林，首开电脑棋手战胜象棋大师的先例。1989年，顶尖高手、苏联象棋大师卡斯帕罗夫访问美国，为了表达对这位世界冠军的尊敬，哈佛大学特意安排了人机对弈，并约定以后每年举行一次。在前四届的"哈佛杯"象棋大赛中，人类棋手都在比赛中稳操胜券。随着时间的推移，计算机软、硬件水平得到迅速发展，电脑棋手与人类棋手的水平在迅速接近。

1996年，卡斯帕罗夫与"深蓝"电脑棋手对弈，卡斯帕罗夫反败为胜。

1997年5月11日，"加强深蓝"二次挑战卡斯帕罗夫，人类有史以来最伟大的棋手以微弱的劣势败北。

就在即将敲响21世纪钟声的最后几年里，人类输掉了最伟大的棋手。但这又有什么关系，再高级的电脑也是人脑设计出来的为人类服务的机器。人工智能的道路上，又树立起一座光辉的里程碑。

机器人学三定律

机器人虽然能够为人类社会作出伟大的贡献，但也有可能给人类带来预料不到的危险。因此，美国科普作家阿西莫夫提出了堪称机器人宪章的机器人学三定律。

第一定律：机器人的任何行动不得伤害人类，也不得见到人类受伤害而袖手旁观。

第二定律：机器人应该服从人类的一切命令，但不得违反第一定律。

第三定律：机器人应保护自身的安全，但不得违反第二定律。

机器人是计算机技术和机械制造技术相结合的特殊产物。20世纪的机器人已经做出了惊天动地的事情，但到目前为止还只是停留在科研、医学、农业、国防、军事、太空探险和工业上。进入21世纪以后，机器人也许真的会闯进我们的日常生活和工作中来。

手写汉字识别系统

所谓手写汉字识别系统，就是使用一个叫做书写板的设备，人们在上面书写汉字，并且能够被计算机识别。很神奇吧。

汉字主要是由笔画（点、横、竖、撇、捺等）、偏旁、部首构成，因此识别的方法基本上可以分为统计识别、结构识别以及神经网络方法，所以通过把复杂的汉字进行分解，并且分解到基本的元素，然后对其进行匹配判定，可实现对汉字的完全识别。手写汉字识别系统中，结构识别法对相似字的区分能力强，但是抗干扰能力就差了；而统计识别的特点是抗干扰能力强，而细分能力差。

语音识别系统

由于句子是由字和词语连接组成，所以语音识别系统可以分为针对孤立字或词的语音识别系统，针对连接词的语音识别系统，以及连续语音识别系统；根据说话人的不同又可分为特定人语音识别系统、非特定人的语音识别系统；根据所存储的词汇量的不同，可分为小、中、大和无限词汇量语音识别系统。就目前发展状况来看，基于中小词汇量和针对孤立字或词的语音识别系统发展得最为成熟。

但由于语言和方言的存在、噪声的干扰以及计算机系统的要求和语音识别软件制作的水平等因素的存在，语音识别系统还有很多的问题等待我们去解决。

专家系统

专家系统是一种在特定领域内具有专家水平解决问题能力的智能计算机程序系统。它能够有效地运用专家多年积累的有效经验和专门知识，通过模拟专家的思维过程，解决需要专家才能解决的问题，并且具有能够获取知识，能够不断地扩充知识范围的能力，而且它对用户是透明的，还具有交互性和灵活性。

专家系统是人工智能的一个发展分支，1968年费根鲍姆等人研制成功第一个专家系统DENDRAL，之后专家系统获得了飞速的发展，并且广泛地运用于医疗、军事、地质勘探、数

学、化工等领域，甚至还渗透到了政治、经济、军事等重要部门，产生了巨大的经济效益和社会效益。现在，专家系统已成为人工智能领域中最活跃、最受重视的领域。

自然语言理解

欲称人机对话，人工智能的分支学科。研究用电子计算机模拟人的语言交际过程，使计算机能理解和运用人类社会的自然语言如汉语、英语等，实现人机之间的自然语言通信，以代替人的部分脑力劳动，包括查询资料、解答问题、摘录文献、汇编资料等。这在当前新技术革命的浪潮中占有十分重要的地位。研制第五代计算机的主要目标之一，就是要使计算机具有理解和运用自然语言的功能。

模式识别

模式识别是指对表征事物或现象的各种形式的信息进行处理和分析，以对事物或现象进行描述、辨认、分类和解释的过程。它是信息科学和人工智能的重要组成部分。

模式识别研究主要集中在两方面：一是研究生物体（包括人）是如何感知对象的，属于认识科学的范畴；二是在给定的任务下，如何用计算机实现模式识别的理论和方法。前者是生理学家、心理学家、生物学家和神经生理学家的研究内容，后者通过数学家、信息学专家和计算机科学工作者近几十年来的努力，已经取得了系统的研究成果。

模式识别可用于文字和语音识别、遥感和医学诊断等方面。

十四、计算机诞生之后带来的社会问题

数字化生存

数字化时代对人类的积极作用，您无论如何想象恐怕都不会过分。

巨大的数字化时代由下列体系构成：数据获取与更新体系、数据处理与储存体系、信息提取与分析体系、数据与信息传播体系、数据库体系、网络体系、应用模型体系、专用软件体系、咨询服务体系、专业人员体系、用户体系、教育体系、标准与互操作体系、法规和财经体系。我们不妨仅以数据库体系为例看看数字地球壮阔的景象。数字地球的数据库不仅包括全球性的中、小比例尺的空间数据，而且包括局部范围的大比例尺的空间数据以及元数据；不仅包括地球的各类多光谱、多时相、高分辨率的遥感卫星影像、航空影像、不同比例尺的专题图，还包括相应的以文本形式表现的有关可持续发展、农业、资源、环境、灾害、人口、全球变化、气候、生物、地理、生态系统、大气、水文、教育、人文和军事等不同类别的数据。

数字化时代是地球科学技术、信息科学技术、空间科学技术等现代科学技术交融的前沿，又是当代科学技术发展和需求紧密结合的必然结果。数字地球涉及的理论、技术、数据和应用都与现有的直接相关。数字地球是从系统论和一体化的角度来整合、应用已有的或正在发展的理论、技术、数据和能力（含人员、软件、硬件），从而更广泛地、更深入地、更有效地、更经济地为社会提供服务。

黑　客

所谓的黑客最早始于20世纪50年代。最早的计算机于1946年在宾夕法尼亚大学出现，而最早的黑客出现于麻省理工学院以及贝尔实验室。最初的活动一般都是一些高级技术人员参与。当时的黑客与现在所说的黑客有很大区别，他们是电脑史上的英雄，没有他们就没有今天如此廉价的信息资源。

在国外，比较经典的案例，应该是凯文·利特比克，号称世界头号的电脑黑客。他在1964年出生，15岁入侵了北美的空军防务指挥系统。后来，他甚至入侵了美国FBI的计算机系统，并因此被FBI逮捕。凯文是一位富有传奇色彩的人物，由于能力的超群以及对骇客或黑客行为的热爱，他是一位比刑事犯更危险的人物，至今还处于监控状态。

从行为特征来说，黑客一般具有以下几个特征：

热衷挑战。如果能发现大公司机构或安全公司的问题，当然就能证明自己的能力。

崇尚自由。这是从国外黑客的角度来说的。这种自由是一种无限的自由，可以说是自由主义者、无政府主义的理念，是在美国20世纪60年代的反主流的文化中形成的。

主张信息的共享。21世纪，最有价值的生产资料是信息，所以，最大的特征是信息共享。

反叛精神。年轻人的最大特点之一就是富有反叛精神，他们藐视传统与权威，有热情，又有冲劲。

由于黑客进入的是他们权限以外的计算机系统，因此，常常表现为破坏性的行为，程度会有所不同。

在国内，黑客的大量出现应该从1998年开始。当时，发生了印尼针对华人的暴乱。

在给黑客下定义时，人们已经把黑客看成是一群人。他们具有年轻化、男性化的特征。通常黑客有以下几种：一种是传统型的黑客，他们进入别人的计算机系统后会告诉你的密码不安全，不会破坏你的信息；另一种情形是，他发现你的安全漏洞，并且利用这些漏洞破坏你的网站，让你出洋相，这些人就成了骇客；还有一类是朋客，他们通常用一些简单的攻击手段去搞一搞BBS、聊天室之类的。因此，我们把这些人分为传统的网络黑客、网络朋客以及网络骇客。

可恶的计算机病毒

随着计算机技术的发展和应用范围的扩大，计算机在政府机关、国防、金融等系统都得到了广泛的应用，因此计算机信息安全的重要性是不言而喻的。近年来，随着计算机病毒的蔓延，整个国际社会已经感觉到了严重的威胁。1988年11月，Internet网络遭到了Morris蠕虫病毒的攻击，造成严重的后果。就在几个月后的1989年4月，我国也发现了第一例计算机病毒——小球病毒。提到计算机病毒，计算机用户无不深恶痛绝然而又"谈毒色变"。计算机病毒到底是何方神圣？有多大"本事"呢？

计算机病毒是一种能够通过修改程序，把自身复制进去，从而去"感染"其他程序的计算机程序。计算机病毒有4个特点：隐蔽性、潜伏性、传染性和破坏性。计算机病毒是以程序代码或指令的形式存在的，不易被发觉，所以具有很好的隐蔽性。计算机病毒一旦入侵后并不马上活动，一般要潜伏数月甚至数年，等到某种条件成熟后再发作，所以具有很强的潜伏性。计算机病毒具有自我繁殖能力，在潜伏期间会不断将自身复制到其他程序中，具有很强的传染性。计算机病毒会造成正常的操作失调，破坏数据和文件，具有很强的破坏性。

计算机病毒根据其引导方式可以大致分为网络病毒、文件病毒、引导型病毒。

在计算机病毒的强大威胁下，如何防范和消除病毒成为每一个计算机用户必备的基本知识。

防范病毒的具体措施主要有以下几条：

不使用盗版软件，不随便使用来历不明的程序盘。

对共享软件必须先检测，确定无病毒再使用。

对完成重要工作的计算机必须专机专用，专盘专用。

经常对重要文件进行备份，妥善保存。

将易被感染的可执行文件的属性设置为"只读"。

一旦发现计算机被感染上病毒，要及时清除，避免进一步的损失。通常采用的方法是用杀毒软件。目前国内流行的杀毒软件主要有360杀毒、金山毒霸、江民、瑞星等。

什么是计算机病毒

说起计算机病毒，小朋友们不禁要问："到底计算机是怎么染上病毒的？是操作者触摸了计算机，还是冲着计算机打了个喷嚏？"

其实，计算机病毒只是一种形象化的比喻，它与生物病毒是完全不同的两种东西。

计算机病毒并不通过人、动物或空气等媒体进行传染，它只出现在计算机系统中，其传染媒介也是计算机。之所以被称为病毒，是因为它在形式上与生物病毒有一定的相似之处，例如，它们都有传染性和破坏性。

计算机病毒是一种人为编写的特殊的计算机程序。它能够侵入计算机系统，隐藏在计算机系统的代码数据中，给计算机系统带来危害，并通过系统数据资源共享和不断复制自身的途径进行传播，影响系统的正常工作。

这种特殊的程序能像生物病毒一样在计算机系统中繁殖、生存和传播，并像生物病毒给动植物体带来疾病那样对计算机系统资源造成严重的破坏，人们借用生物学的这个名词形象地描述这种计算机程序，称之为计算机病毒。

据记载，世界上第一例计算机病毒是在1987年公开报道的，到了1989年，计算机病毒已经猖狂泛滥，病毒的种类猛增到数百种，新型的计算机病毒也不断出现。据美国国家计算机安全协会估计，全世界每天至少产生5~7种计算机病毒。

计算机病毒的出现，曾经引起世界级的恐慌，许多人谈毒色变；与此同时，也有一部分人对计算机病毒满不在乎。这两种认识都是片面的。对待计算机病毒的正确态度应该是用科学的方法分析计算机病毒，找出清除计算机病毒的办法，采取积极的态度预防计算机病毒，同时提高自身系统的安全性和可靠性。

计算机病毒的来源

计算机病毒是随着人们对计算机软硬件内部机制的不断深入研究而产生的，计算机病毒是人为制造的。计算机病毒的来源大致有以下几种：

(1) "开玩笑"者制造的

这些人具有丰富的计算机系统知识和熟练的编程经验，编写病毒程序是为了向别人"露一手"，或显示一下自己的"编程才能"，其本意并不是为了破坏计算机系统，但一旦计算机病毒发生，连他们自己也无法控制。

(2) 报复者编制的

有些人由于工作上或生活上不顺心，或者对单位的领导有意见，于是产生报复心理，有意在自己或他人的程序中加上计算机病毒，借以达到报复的目的。

(3) 非法复制软件带来的后果

随着计算机的广泛应用，大量的计算机软件不断涌现，有些人为了贪图便宜，通过不正当渠道购买廉价的软件或非法复制别人的软件，也可能会使计算机感染上病毒。有的软件开发者为了惩罚非法复制者，在自己开发的软件产品中加上了病毒程序，当有人对该软件进行非法复制时，计算机病毒便被触发，以此来报复非法复制者。

另外，还有少数人出于破坏目的，有意制造计算机病毒。

总之，计算机病毒的产生是计算机犯罪的一种表现形式，它是一种社会现象，具有一定的社会根源。

计算机病毒的危害

计算机病毒会给计算机的使用带来一定的危害，轻者经过杀毒后系统仍然可以使用，重者可能使计算机系统瘫痪，不可恢复，需要重新安装系统。但是，大多数计算机病毒对单独使用的微型计算机的危害性是有限的，计算机病毒的危害主要表现在对数据的破坏和对系统本身的攻击上，只要系统经常备份，这种破坏是可以恢复的，只是要花费一些时间和精力。

目前，已有破坏计算机只读存储器中内容的病毒，它已经可以对计算机的固件（软件被硬化）进行攻击。

在网络中和实时控制中，计算机病毒所引起的后果是不堪设想的，造成的损失将是巨大的。因此，制造计算机病毒的人是有罪的，必须受到严厉的谴责和应有的惩罚。

计算机病毒的类型

计算机病毒的种类很多，分类的方法也很多，下面介绍几种常见的计算机病毒类型。

1.按破坏的后果分类

良性病毒：这类病毒大多是恶作剧的产物。病毒发作时，只是占用大量的CPU资源和内存资源，降低计算机的运行速度，或者在屏幕上出现一些干扰性的图形或文字。这类病毒

一般不破坏系统数据，只起到一些干扰作用，一旦消除后，系统即可恢复正常工作。

恶性病毒：这种病毒具有较强的破坏性。病毒发作时，破坏系统数据，删改系统文件，重新格式化硬盘等。由于这种病毒的破坏性较强，即使消除了病毒之后，系统也难以恢复，一般需要重新安装。

2.按寄生方式分类

引导型病毒：这类病毒一般出现在系统引导区。计算机系统感染上这种病毒后，则用其自身取代引导区的引导记录，而把原来操作系统的引导记录转移到磁盘的其他空间。当启动计算机系统时，首先执行病毒程序，然后再执行引导记录。这类病毒流传较广，如常见的"小球病毒"、"大麻病毒"等，都属于这一类病毒。

文件型病毒：这类病毒是一种专门传染给可执行文件（.COM、.EXE、.SYS等）的病毒，又分为外壳型、侵入型等。外壳型病毒流传较广，它通常寄生在可执行文件的尾部，每执行一次病毒程序，就繁殖一次病毒，使正常程序染上病毒。这种病毒发作时，占用大量的CPU时间，使计算机无法运行。由于这种病毒自身的复制品包围在主程序的周围，故得此名。例如，"耶路撒冷"病毒就属于这一类。侵入型病毒是将自身的复制品侵入到现有的程序中，对文件的内容进行删除或修改，导致计算机无法正常工作。

此外，还有一种具有上述两种病毒特点的复合型病毒，这类病毒既可以传染磁盘的引导区，又可以侵入到可执行文件中。

计算机病毒的传播途径

计算机病毒总是通过某种传播媒介进行传

染的。常见的传播计算机病毒的途径有以下几种：

闪存盘、软盘、硬盘是传播计算机病毒的重要途径

流行的计算机病毒大多是以闪存盘和硬盘作为载体传播的。计算机病毒先隐藏在闪存盘或硬盘中，当我们使用染有病毒的闪存盘或硬盘时，病毒就会侵入计算机系统。闪存盘是重要的传染计算机病毒的媒介。由于闪存盘携带方便，带有病毒的闪存盘很容易在交流的过程中传播病毒。硬盘也是传染病毒的载体。一旦某台计算机的硬盘感染了病毒，它会将该硬盘上所有的程序都染上病毒，在这台计算机上使用过的闪存盘也会感染上病毒。

网络是传播计算机病毒的主要桥梁

病毒还可以通过计算机网络通道从一个节点传播到另一个节点，很快就会使该网上所有的计算机都染上病毒，这是目前最可怕的传播计算机病毒的途径。

光盘也可以传播计算机病毒

计算机病毒也可以通过光盘进行传播，许多盗版光盘里都含有计算机病毒。目前看来，虽然它没有闪存盘、硬盘那么严重，但也必须引起我们的重视。

总之，计算机病毒也是"病从口入"，多是通过连接计算机的输入接口传入的。因此，防治计算机病毒，把好入口关是非常重要的。

计算机感染病毒后可能出现的现象

对于计算机病毒的态度和对待人类的传染病一样，应该采取"以预防为主"的方针。一旦发现计算机感染了病毒，也不要恐慌，及时

将病毒清除就可以了。

怎样才能知道计算机是否带有病毒呢？除了定期或经常使用检测病毒软件检查计算机是否带有病毒之外，在使用计算机的过程中，如果出现了下面描述的奇怪现象，就应该检查一下计算机是否已经感染了病毒。

可执行文件莫名其妙地变长；

装入文件的时间比正常情况长；

访问磁盘的时间突然变长；

系统空间突然变小；

屏幕上出现一些莫名其妙的图案，如小球、雪花、闪烁、奇怪的提示等；

计算机发出不正常的尖叫、长鸣、乐曲等；

可执行文件未经删除突然消失；

计算机在没有授权情况下企图向设置了写保护的软磁盘中写入数据；

系统出现异常的启动和"死机"；

出现其他无法解释的"怪"现象。

这些现象都可能是由于计算机带有病毒引起的。发现上述现象，就可以怀疑计算机感染了病毒，应该及时检测和杀毒。

预防计算机病毒的措施

预防计算机病毒的根本是杜绝制造计算机病毒。由于计算机病毒都是人为制造的，因此，从大的层面来说，要加强对使用计算机的人的教育，并制定有关惩罚计算机犯罪的法律。对个人来说，需要了解防治计算机病毒的基本知识和具体措施。

预防计算机病毒的具体措施有以下几点：

专机专用。

系统要及时备份，以减少因病毒而造成的

损失。

　　不要非法复制和使用来路不明的软件。

　　将已存有信息的闪存盘设置写保护，可以防止大多数计算机病毒的侵入。

　　修改可执行文件的属性为只读文件。

　　联网的计算机一旦发现网上有病毒，要及时检测计算机系统是否已感染上病毒。如果还没有感染上病毒，立即采取防治措施；如果已经感染上病毒，要及时清除病毒。

计算机犯罪

　　计算机犯罪指人们利用自己掌握的计算机知识和技能，越权或未经授权恶意侵入计算机系统，输入虚假信息或制造计算机病毒，达到谋取个人非法利益、破坏计算机系统的正常运行或追求个人刺激的目的的行为。计算机犯罪给计算机系统、个人、企业和国家财产造成的损失是巨大的，有时甚至是毁灭性的（如破坏国家的安全预警系统、防空导弹发射系统等）。利用计算机窃取银行密码非法盗取现金，非法进行证券交易、外汇买卖和期货交易，甚至窃取个人隐私、企业文件和国家机密，在世界各国都屡见不鲜。

　　根据情节不同，计算机犯罪包括计算机恶意使用、计算机破坏、计算机欺诈和计算机窃用等。

十五、知名网站介绍

因特网犹如知识的大海，在里面我们所需要的知识几乎应有尽有。这里作者搜集了一部分与青少年有关的网站介绍给大家。

学生科技网：北京市科协、中国科协青少年工作部合办
http://www.student.gov.cn/

彩虹工程网：
http://www.yoll.com/

全国青少年科技创新活动服务平台（小小童网站）http://www.xiaoxiaotong.org/

西觅亚科技 http://www.semia.com/

中少在线 http://www.ccppg.com.cn/

中国青少年新世
纪读书网 http://
www.cnread.net/

科幻世界杂志社
http://www.sfw.
com.cn/

中国少年雏鹰网 http://www.chinakids.net.cn/

中国儿童网 http://www.chinakids.com.cn/

太湖科普资源网 http://www.tlpsr.com/

维基百科 http://www.wikipedia.org/

舟山科普网 http://www.zskp.cn/

小哥白尼 http://www.21children.com/

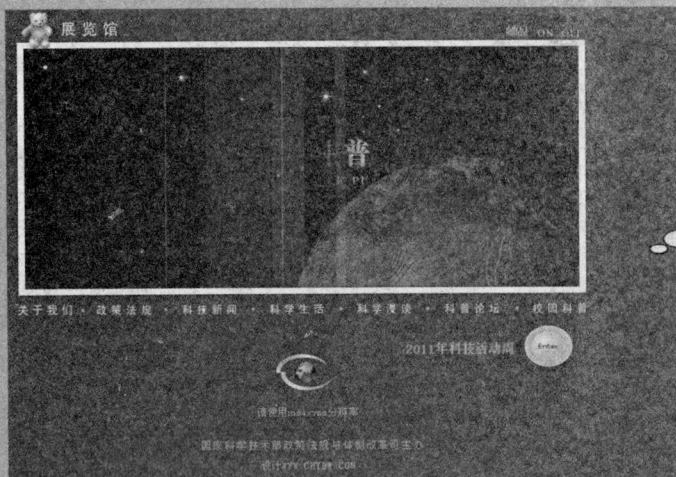

中国科普网 http:// www.kepu.gov.cn/

中国数字科技馆 http:// www.cdstm.cn/

中国奥委会 http://www.olmpic.cn/

网上中国 2010 年上海世博会 http://www.expo.cn/

中国公众科技网 http://www.cpst.net.cn/

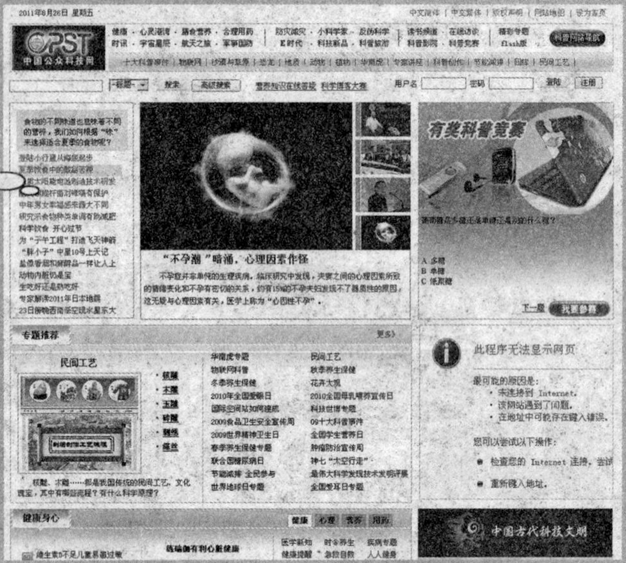

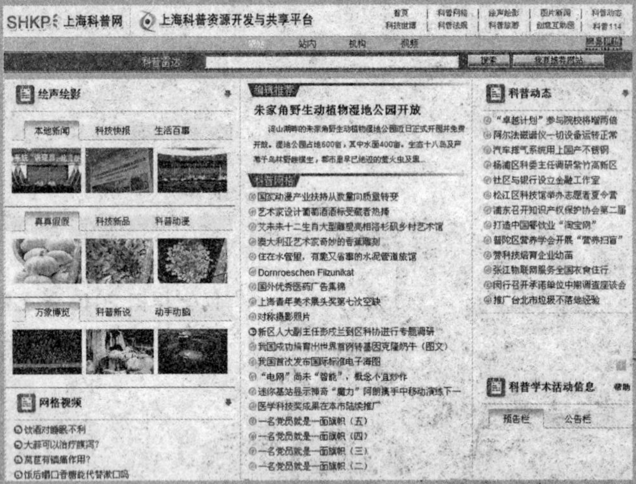

上海科普网 http://www.shkp.org.cn/

苏州科普之窗 http://www.szkp.org.cn/

化石网 http://www.uua.cn/

野生动物之家 http://animal.ioz.ac.cn/

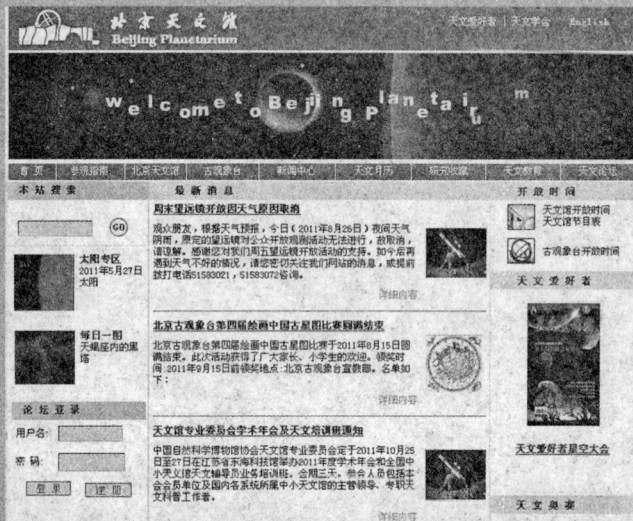

北京天文馆 http://www.bjp.org.cn/

中国航天科技集团公司　航天科普 http://www.spacechina.com/zsyzx.shtml/

中国科普博览 http://www.kepu.net.cn/gb/index.html/

中国国家地理网 http://www.dili360.com/

神秘的地球 http://www.uux.cn/

爱奇艺纪录片频道
http://www.iqiyi.
com/jilupian/

中国儿童资源网 http：
//www.tom61.com/

中国安全教育网 http://www.safetree.com.cn/

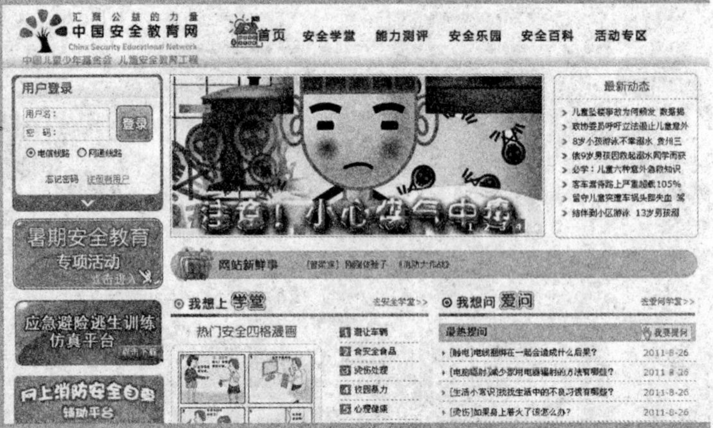

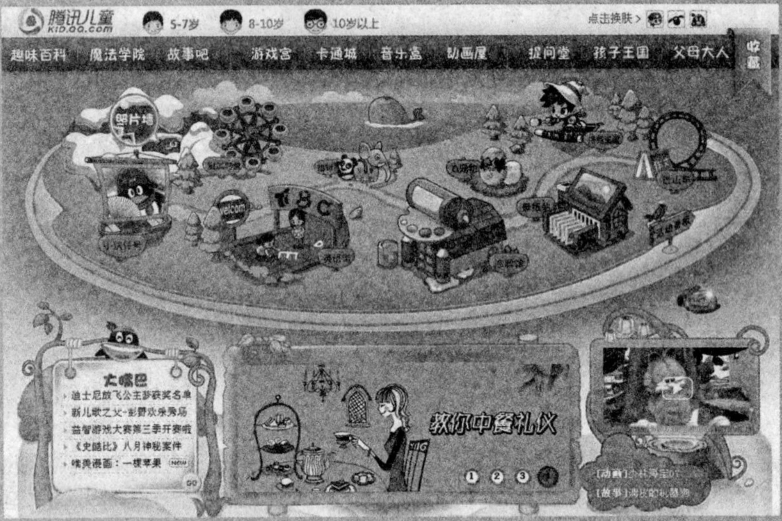

腾讯儿童 http://kid.qq.com/